Astralreisen

Hinaus aus dem Körper - Hinein in eine neue Welt!

Joachim Dautert

Kersken-Canbaz-Verlag, Holdenstedt

2. überarbeitete Auflage

Satz: KC-Verlag mit KOMA-Script und LaTeX.
Herstellung: Books on Demand GmbH, Norderstedt

ISBN 978-3-89423-087-6

Inhaltsverzeichnis

Vorwort

Astralreisen - fast jeder hat schon davon gehört. Aber:

* Was sind Astralreisen eigentlich?
* Womit reise ich astral?
* Wie kann ich lernen, astral zu reisen?
* Was muss ich können, um astral zu reisen?
* Worauf achte ich, wenn ich astral reise?

Dieses Buch wird Deine Fragen beantworten. Es gibt Dir Methoden an die Hand, wie Du gründlich und genau das astrale Reisen erlernen und täglich durchführen kannst. Du wirst überrascht sein, welche Möglichkeiten sich Dir als Astraltourist auftun.

Und nun geht es auf in astrale Welten!

Kapitel 1

Was sind Astralreisen?

In diesem Kapitel werden Deine grundlegenden Fragen beantwortet:

- ⋆ Was heißt »astral«?
- ⋆ Was ist ein astraler Körper?
- ⋆ Wohin kann ich mit diesem Körper reisen?

1.1 Was heißt »astral«?

Da steht die schwierigste Frage am Anfang! Das hat allerdings auch seinen guten Grund. Damit Du die anderen Kapitel verstehst und auch praktisch astral arbeiten kannst, musst Du diese Frage beantworten können. Machen wir den Echtheitstest gemeinsam:

- ⋆ Setze Dich locker und bequem auf einen Stuhl oder einen Sessel.
- ⋆ Nun sieh Dich in Deinem Zimmer um. Was Du siehst, ist für Dich wirklich, oder?
- ⋆ Dann lausche auf die Geräusche in Deiner Umgebung. Sind sie für Dich echt?
- ⋆ Jetzt streichle mit der linken Hand Deinen rechten Arm.
- ⋆ Stehe auf und beiße herzhaft in einen Apfel oder etwas anderes, schmecke genau hin.
- ⋆ Schnuppere an einem Parfüm.

Ich will Dir gar nicht die Frage stellen, ob das, was Du da siehst, hörst, fühlst, riechst und schmeckst, in Wirklichkeit so ist, wie Du es wahrnimmst! Es geht nur darum: Du hast 5 Sinne, mit denen Du Deine Umwelt erlebst. Diese Sinne sind Sehen, Hören, Fühlen, Riechen und Schmecken. Die Sinne helfen Dir, Dich in Deiner Umgebung zu orientieren, zum Beispiel wenn Du über eine Straße gehst.

Wirklich ist für Dich, was Du wahrnimmst!

Jetzt der nächste Schritt des Tests:

- ⋆ Setze Dich wieder auf Deinen Stuhl oder Sessel.
- ⋆ Schließe Deine Augen.
- ⋆ Stelle Dir eine grüne Wiese mit Kühen vor.

Frage: Was daran ist echt? Vielleicht denkst Du jetzt, dass die Wiese nicht so echt ist, wie der Stuhl, auf dem Du sitzt. Dann stelle ich Dir gleich die nächste Frage: Worin unterscheiden sich diese beiden Wahrnehmungen?

Ganz einfach: Das eine hast Du außerhalb von Dir wahrgenommen, das andere hast Du Dir vorgestellt. Deine normalen Wahrnehmungen haben eine bestimmte »Intensität«. Wäre Deine Vorstellung genauso intensiv wie Deine normalen Wahrnehmungen, wäre sie genauso echt!

»Astral« heißt eigentlich nichts anderes, als dass es noch andere Dinge zwischen Himmel und Erde gibt, die Du wahrnehmen kannst. Diese Dinge sind deshalb anders, weil sie nicht in der gleichen Weise materiell sind, wie beispielsweise der Stuhl auf dem Du sitzt. Trotzdem kannst Du astral genauso echt wahrnehmen wie materiell! Deine normalen Sinne sind gut geschult, um auf der materiellen Ebene wahrzunehmen. Deine astralen Sinne musst Du erst trainieren, um Astrales wahrnehmen zu können. Dabei hilft Dir dieses Buch.

Zusammenfassung:

- ⋆ Mit Deinen normalen Sinnen nimmst Du die Dir bekannte, die materielle Welt wahr.
- ⋆ Astral ist all das, was Du mit Deinen normalen Sinnen nicht wahrnehmen kannst.
- ⋆ Astrales Wahrnehmen lernst Du dadurch, dass Du Deine astralen Sinne schulst.

Im Astralen kannst Du soviel Neues erleben, dass man allein darüber noch viele Bücher schreiben könnte. Ein paar Stichworte dürften reichen, um Deine Phantasie anzuregen:

Du kannst:

- ⋆ Fliegen.
- ⋆ Zeitreisen.

- ⋆ Astrale Wesenheiten kennenlernen – ähnlich den Menschen der materiellen Welt leben diese Wesenheiten in den astralen Welten.
- ⋆ Mit astralen Wesenheiten reden.
- ⋆ Astrale Welten selbst erschaffen.
- ⋆ Materielle Gegenstände verändern.
- ⋆ Mit Freunden gemeinsam astrale Welten erkunden.
- ⋆ Unter die Erde oder auf den Mond gehen.
- ⋆ ...und noch viel mehr.

Du kannst astral praktisch alles tun!

1.1.1 Dein astraler Körper

Du hast, wenn Du astral reist, einen Körper, mit dem Du reist. So echt, wie Dein materieller Körper für Dich hier auf der Erde ist, so echt ist Dein astraler Körper in den astralen Welten. Nun ist es nicht gleich so, dass Du, wenn Du das erste Mal reist, einen ganz festen Astralkörper hast! Du musst ihn entwickeln, ihn trainieren.

Das Beispiel von dem neugeborenen Kind hilft sehr gut! Ein Neugeborenes kann seine Arme und Beine noch nicht willentlich bewegen. Es ist noch nicht so trainiert, dass es gleich einen 1000m-Sprint machen kann. Es muss erst lernen, wie sich der Körper anfühlt und was es damit machen kann. Astral ist es genauso! Am Anfang ist der Körper noch sehr schwach und kaum wahrnehmbar. Nach und nach wird er immer kräftiger und schließlich kannst Du alles damit machen.

Ich stelle Dir in den nächsten beiden Kapiteln zwei Formen des Astralkörpers vor, die Du selbst mit regelmäßiger Übung trainieren kannst.

Wenn Dich das Thema Astralkörper noch näher interessiert, empfehle ich Dir das Buch »Karma und Reinkarnation« von Sigrid Kersken, erschienen im Kersken-Canbaz-Verlag.

1.1.2 Der Projektionskörper

Der Projektionskörper ist die Anfangsform des Astralkörpers. Am besten machst Du nun eine kleine Übung, damit Du Dir eine Vorstellung machen kannst, worum es hier geht:

- ⋆ Setze Dich locker und entspannt auf einen Sessel.
- ⋆ Kleidungsstücke stören nicht, der Hosenbund ist nicht zu eng etc.
- ⋆ Schließe Deine Augen.
- ⋆ Atme tief, ruhig und gleichmäßig in Deinen Bauch ein und wieder aus.
- ⋆ Achte nur auf das Heben und Senken Deiner Bauchdecke.
- ⋆ Tue dies ungefähr 50 x.
- ⋆ Jetzt stelle Dir wieder die grüne Wiese vor.
- ⋆ Das Grün leuchtet richtig schön, die Sonne scheint, alles ist klar und hell.
- ⋆ Stell Dir vor, Du stehst aus Deinem Sessel auf und gehst direkt auf die Wiese.
- ⋆ Spüre, wie Du die Armlehnen berührst und Dich erhebst - erst das eine Bein vor, dann das andere.
- ⋆ Stell Dir vor, wie Du auf der Wiese spazieren gehst.
- ⋆ Du fühlst das Gras unter Deinen Füßen.
- ⋆ Die Sonne scheint Dir auf den Kopf.
- ⋆ Du spürst jede Bewegung, die Dein Körper macht.

- ⋆ Nun drehe Dich um und stelle Dir Deinen normalen Körper vor.
- ⋆ Stell Dir vor, wie Du in ihn hineingehst.
- ⋆ Atme wieder tief und gleichmäßig in Deinen Bauch.
- ⋆ Nun halte kurz die Luft an und spanne Deinen ganzen Körper kurz und kräftig an.
- ⋆ Öffne Deine Augen.
- ⋆ Fertig.

Damit hast Du eine sehr leichte und einfache Form des Projektionskörpers kennengelernt. Du wirst sicher festgestellt haben, dass Du Deinen materiellen Körper noch fühltest und dass Deine Wahrnehmungen von der Wiese etc. nicht so echt waren wie Deine normalen. Trotzdem hast Du eine erste feine Erfahrung vom astralen Reisen gemacht!

Das Wichtige am astralen Reisen ist, dass alle Deine Wahrnehmungen grundsätzlich überprüfbar sein müssen. Das ist deshalb wichtig, um Astrales von Einbildung zu trennen. Solange Dich beispielsweise kein gleichzeitig Astralreisender auf der Wiese sah, und Du auch nicht anders überprüfen kannst, ob Du astral wahrgenommen hast, reden wir noch von Einbildung. Gerade dieses Problem ist mit dem Projektionskörper nur schwer zu lösen.

Alle Deine Wahrnehmungen müssen überprüfbar sein!

Trotzdem gehst Du am Anfang besser davon aus, alle Erfahrungen dieser Art als astral anzusehen. Nach und nach lernst Du dann mehr über astrales Wahrnehmen und kannst Einbildung und Wahrnehmung voneinander trennen. Auf die Arten der Überprüfung gehe ich im 3. Kapitel genauer ein.

Ich fasse zusammen, was den Projektionskörper kennzeichnet:

- ⋆ Mit dem Projektionskörper kannst Du:
- ⋆ Astrales sehen, hören, riechen, fühlen und schmecken,

* Materielles sehen, hören, riechen, fühlen und schmecken, allerdings nur sehr verschwommen und undeutlich, verbunden mit viel Erraten und Halluzination,
* mit astralen Wesenheiten reden, sie besuchen etc.
* Der Projektionskörper ist eine sehr schwache Form des Astralkörpers:
* Du hörst, fühlst Deinen normalen Körper noch,
* Du nimmst noch Umweltgeräusche mit Deinen materiellen Sinnen wahr,
* das Astrale ist oft undeutlich und nur durch Erraten und eigenes Dazutun wahrnehmbar.
* Am Anfang ist das Reisen mit dem Projektionskörper so, als stellst Du es Dir nur vor.
* Nach und nach wird der Körper kräftiger.
* Dann nimmst Du Deinen materiellen Körper weniger wahr, Du kannst Dich besser auf den Projektionskörper konzentrieren.
* Deine astralen Wahrnehmungen werden bunter, lauter, intensiver.
* Der Übergang zur nächsten Astralkörperform wird fließend.

Um besonders den letzten Punkt einfacher zu machen, unterscheidest Du den Projektionskörper von allen anderen nicht nur durch die obigen Punkte! Es kommt noch ein weiterer Punkt hinzu, und dieser Punkt ist die Technik, mit der Du astral »aus Deinem materiellen Körper aussteigst«. Die Techniken, die Du verwendest, um mit dem Projektionskörper zu reisen, werden in Kapitel 3.2 beschrieben. Die Techniken, mit denen Du im Ätherkörper reist, stehen im Kapitel 3.3.

Die Körper unterscheiden sich durch die Technik des Aussteigens!

1.1.3 Der Ätherkörper

Der Ätherkörper ist im allgemeinen viel kräftiger als der Projektionskörper. Du kannst mit ihm:

- ⋆ Astrale Welten bereisen,
- ⋆ alles das machen, was Du mit dem Projektionskörper machst, allerdings sind die Wahrnehmungen viel deutlicher.
- ⋆ Die astralen Wahrnehmungen sind so klar wie Deine materiellen.
- ⋆ Du kannst hinter verschlossene Türen schauen und das sehen, was Dir in Deinem materiellen Körper verwehrt blieb.
- ⋆ Zeitreisen machen.
- ⋆ Deine astralen Wahrnehmungen sind überprüfbar und korrekt.
- ⋆ Im besonders kräftigen Ätherkörper kannst Du sogar materielle Gegenstände verändern und woandershin transportieren.

Wie ich bereits sagte: Einen kräftigen Projektionskörper klar vom Ätherkörper zu unterscheiden, geht nur mit Hilfe der Technik, die Du zum Reisen verwendet hast.

Viele Geschichten über astrale Spontanphänomene geistern immer wieder durch die Presse. Diese Phänomene werden von den meisten Erzählern nicht in Stärke oder Art der Phänomene unterteilt. Das heißt, dass wir nicht genau sagen können, wie stark der astrale Körper jeweils war. Spontane astrale Phänomene können zum Beispiel durch Schock, Hunger, Unfall, Durst, Schmerz, oder Drogen ausgelöst werden.

Spontane Phänomene haben einen ganz großen Nachteil: Sie sind nicht wiederholbar! Wenn Dir so etwas spontan passiert, dann wirst Du nicht wissen, was Du tun musst, um dieses Phänomen wieder zu erzeugen.

Auch viele Todeserfahrungen fallen unter den Typ Spontanphänomene. Elisabeth Kübler-Ross hat damit ganze Bücher gefüllt, und in Amerika ist es inzwischen regelrecht modern geworden.

Da spontane Erlebnisse aber nun einmal nicht wiederholbar sind, wollen wir sie im Folgenden unberücksichtigt lassen.

1.2 Welche Welten bereise ich mit den Körpern?

Nun komme ich zu einem Thema, das für Dich als zukünftiger Astralreisender oder »Astraltourist« sicher das interessanteste ist. Die Frage lautet: Mit welchem Körper kann ich welche Welten bereisen? Grundsätzlich kann ich Deine Frage so beantworten:

Alle astralen Welten stehen Dir offen!

Natürlich, Du wirst es Dir schon denken können, müssen wir am Anfang kleinere Unterschiede einbauen. In den nächsten beiden Kapiteln unterteile ich die Möglichkeiten in die Welten des Projektionskörpers und die des Ätherkörpers. Das soll nicht heißen, dass Du mit dem Ätherkörper die Welten des Projektionskörpers nicht bereisen kannst und umgekehrt... Vielmehr bedeutet es:

Die Welten, die Du mit dem Projektionskörper bereist, kannst Du auch mit dem Ätherkörper bereisen und umgekehrt. Allerdings sind die Wahrnehmungen in den beiden Körpern etwas anders. Außerdem unterscheiden sich die Ausstiegstechniken, was mit der Art des Körpers und der der Welten zu tun hat. Im 2. Kapitel gehe ich auf die einzelnen astralen Welten genauer ein, hier soll nur ein kurzer Abriss erfolgen.

1.2.1 Die Welten des Projektionskörpers

Mit dem Projektionskörper kannst Du folgende Welten bereisen:

⋆ Du arbeitest mit Tattwas (vgl. Kapitel 2.1.) und besuchst eine solche Welt. Dort nimmst Du Kontakt mit Wesenheiten auf, erforschst die einzelnen Ebenen. Kein Problem, mit dem Projektionskörper funktioniert das. Was Du nur berücksichtigen musst, ist, dass Deine Wahrnehmungen gerade am Anfang sehr undeutlich und häufig halluzinativ, also eher eingebildet sind.

- ⋆ Auch das astrale Wandern in unserer Welt funktioniert. Du kannst Deinen Zimmernachbarn oder Deine Eltern in der anderen Stadt besuchen. Es gilt das für den Projektionskörper bereits Gesagte: Es ist leicht, sich etwas einzubilden.
- ⋆ Jede astrale Ebene, sei es die Ebene eines Dämons oder einer anderen Wesenheit, steht Dir offen.

Wenn Du mit dem Projektionskörper anfängst, ist es sinnvoll, erst einmal mit Symbolen, Tattwas, Tarotkarten zu arbeiten. Sie alle haben eines gemeinsam: Es sind Symbole, die Du Dir vorstellen kannst. Du kannst sie per Vorstellung vor Dir aufstellen und durch sie hindurchgehen wie durch eine Tür.

Am Anfang beginne mit dem Bereisen von Symbolen!

Ich werde in Kapitel 2 genau erklären, worum es sich bei diesen Türen handelt. Dennoch empfehle ich Dir weiterführende Literatur aus der Schritt für Schritt-Reihe. Diese Literatur ist:

- ⋆ **Magische Rituale** von Sigrid Kersken. In diesem Buch werden alle grundlegenden Rituale, auch die des Schutzes und der Anrufung, behandelt.
- ⋆ **Erste Hilfe bei magischen Unfällen** von Frank Kujath. Die erste Hilfe behandelt alle Fälle, in denen Du mit Wesenheiten anderer Ebenen arbeitest. Dies passiert zwangsläufig, wenn Du durch Türen gehst. Stell Dir einfach vor, Du betrittst die Wohnung eines anderen Menschen. Danach kann es vorkommen, dass diese Person auch Dich besucht. Manchmal sind solche Besuche unerwünscht und es können Begleiterscheinungen auftauchen, die Du nicht unbedingt wünschst. Mit »Erste Hilfe bei magischen Unfällen« hast du ein Buch an der Hand, das Dir schnelle Hilfemöglichkeiten gibt.
- ⋆ **Dämonen, Götter und andere Geister** von Tordis van Boysen. Das »who ist who« der astralen Welten. Hier sind alle bekannten Wesenheiten aufgeführt und/oder klassifiziert. Du kannst

anhand eines einfachen Schemas erkennen, mit wem oder was Du es zu tun hast.

- ⋆ **Lexikon der magischen Symbole** von Tordis van Boysen. Da Symbole sich sehr gut als Türen eignen, ist es natürlich sinnvoll, möglichst viele Symbole zu erkennen, um viele Ebenen zu besuchen.
- ⋆ **Praktische Kabbala** von Tordis van Boysen. Kabbala ist ein sehr altes überliefertes Symbolsystem. Mit Hilfe der Kabbala kannst Du Deine Astralreisen überprüfen. Welche Information kann ich wie bewerten? Sind meine Informationen richtig oder falsch? Passen sie zu der Welt, die ich besuchte? Das sind wichtige Fragen für die Astralarbeit.
- ⋆ **Grundlagen der Meditation** von Tordis van Boysen. Konzentration und Entspannung sind die wichtigsten Voraussetzungen für Projektions- und Ätherkörper. Ohne Konzentration, die Du über Meditation erlernst, wirst Du über das Anfangsstadium des Projektionskörpers nicht hinauskommen.

1.2.2 Die Welten des Ätherkörpers

Im allgemeinen gilt für die Welten des Ätherkörpers das gleiche wie für die des Projektionskörpers. Allerdings: Die meisten Leute, die ich kenne, arbeiten, wenn sie mit dem Ätherkörper beginnen, meist mit der astralen Seite unserer materiellen Welt.

Die Welten des Projektions- und Ätherkörpers unterscheiden sich kaum.
Es sind ja auch beides Astralkörper!

Das heißt, dass Du, wenn Du mit dem Ätherkörper reist, Dich erst einmal in der materiellen Welt orientierst. Du kannst dort hinter verborgene Türen, in verschlossene Kisten sehen. Du lernst, wie Du Materielles verändern kannst.

Das schöne an diesen Übungen besteht darin, dass Du direkt nach der Reise prüfen kannst, ob Du Erfolg hattest. Bitte zum Beispiel einen Freund, etwas in einer Kiste zu verbergen und sieh mit dem Ätherkörper nach. Hast Du das Richtige gesehen, hast Du nicht geträumt oder halluziniert und weißt, dass Du wirklich gereist bist.

Diese Erfahrunden werden Dir Vertrauen geben, wenn Du andere Ebenen besuchst. Weißt Du erst einmal, dass Du sehr sicher im Ätherkörper bist und besuchst eine andere Ebene, dann kannst Du Dich auch dort auf Deine Wahrnehmung verlassen.

Kapitel 2

Die astralen Welten

Jetzt geht es an die ersten praktischen Übungen. Nun lernst Du, was ein Tattwa, was ein Siegel, ein Symbol und eine Tarotkarte sind und wie Du sie als Türen zu astralen Ebenen benutzen kannst. Du kannst selbstverständlich noch viele andere astrale Welten besuchen, aber die genannten sind, besonders am Anfang, die gängigsten. Wenn Du mit dem Projektionskörper beginnst, fängst Du am besten mit den Tattwas an.

2.1 Symbole

2.1.1 Tattwas

Ein Tattwa - was ist das? Dazu muss ich etwas ausholen. Im Altertum teilten die Menschen die Eigenschaften der Welt in vier, bzw. fünf grundlegende **Elemente**. Die Elemente, die in unserem Kulturkreis heute noch verwendet werden, heißen:

- Feuer (🜂),
- Wasser (🜄),
- Luft (🜁),
- Erde (🜃),
- Geist (⊗).

Die Tattwas als Abbildungen oder Symbole sind aus Indien zu uns gekommen. Das Wort »Tattwa« kommt aus dem Sanskrit und bedeutet soviel wie »Dasein«, »Prinzip« oder »Wirklichkeit«. Jedes Element oder Tattwa hat seine besonderen Eigenschaften. Du solltest Dir diese Eigenschaften gut einprägen, denn an ihnen kannst Du auch die Ebenen erkennen!

- Das Element Feuer ist heiß, aktiv, zerstörend, trocken, kämpferisch. Seine Farben sind hell, meist gelb und rot.
- Das Element Wasser ist feucht, kühl, fließend. Seine Farben sind Blau- manchmal auch Blaugrüntöne.
- Das Element Luft ist trocken, heiß, strömend. Seine Farben sind Silbertöne.
- Das Element Erde ist trocken und kühl. Seine Farben sind braun, dunkelgrün/olivgrün, schwarz und gelb.
- Das Element Geist ist nichts von alledem oder auch alles zusammen. Seine Farbe ist Schwarz oder Weiß.

Einmal abgesehen von den natürlichen Zuordnungen zu den Elementen, kannst Du diesen auch sogenannte »psychische Eigenarten« zurechnen. Diese übertrage auch gleich auf die Tattwas. Da wir davon ausgehen, dass jedes Tattwa eine Astral-Ebene ist, sind diese Eigenarten die bestimmenden Eigenschaften der Ebenen. Wenn Du eine Ebene des Wassers besuchst und dort nur hellgelbe, leuchtende Farben siehst, ist etwas falsch. Deshalb sind die Zuordnungen sehr praktisch. Du kannst gleich prüfen, ob alles korrekt läuft.

Nun zu den »psychischen Eigenschaften«.

- **Feuer**: Zerstörerische, gewaltige Kraft, ungerichtet, unkontrolliert, hitzige Aktivität, Emotionsausbrüche, Gewalt, Zorn, Wut, starke Freude, Ekstase.
- **Wasser**: Sensitivität, Gefühle, Sanftheit oder Wildheit je nach Art des Wassers, Freundlichkeit, Passivität.
- **Luft**: Intellekt, Intelligenz, Vernunft, Ideen, geistige Flexibilität, mathematische Berechnungen, Genauigkeit.
- **Erde**: Fruchtbarkeit, Bauernschläue, praktische Fähigkeiten, Arbeitsamkeit, Güte.

Tattwas sind Bilder, die die Elemente darstellen. Die Grundsymbole, also die einfachen Elemente, sehen so aus (Siehe auch Abb. 1 auf S. 22):

Element	**Bezeichnung**	**Tattwa**	**Symbol**
Geist	Akasha	Schwarzes Ei	⊗
Feuer	Tejas	Rotes Dreieck	🜂
Wasser	Apas	Silberner Halbmond	🜄
Luft	Vayu	Himmelblaue Kreisscheibe	🜁
Erde	Prithivi	Gelbes Quadrat	🜃

Zu jeder Ebene gehören die entsprechenden Eigenarten und jede Ebene wird von bestimmten Wesenheiten, den sogenannten Elementalen, bewohnt. Die Namen und Eigenschaften der Elementale:

Element	**Elemental**	**Eigenschaften**
Feuer	Salamander	hitzig, aktiv, energetisch
Wasser	Undinen	gefühlvoll, sanftmütig
Luft	Sylphen	intelligent, berechnend
Erde	Gnome	arbeitsam, materiell

Jedes Elemental verfügt über eigenes Wissen und eigene Erfahrungen.

Du erkennst Elementale an ihren Verhaltensweisen. Ein Salamander verhält sich seinem Element entsprechend aktiv und wird möglicherweise direkt aus Feuer bestehen. Zum zweiten kannst Du sie anhand ihrer Farben zuordnen.

Du erkennst einen Salamander an seinen feurigen Verhaltensweisen!

Jetzt wird es etwas komplizierter: Es gibt nicht nur reine Ebenen der einzelnen Elemente, sondern auch Kombinationen! Jedes Element kann mit jedem anderen kombiniert werden. Entsprechend verändert nimmst Du sowohl die Ebene, als auch die Wesenheiten wahr. So gibt es:

Feuer/Feuer:

wie bei Feuer angegeben.

Feuer/Wasser:

eine Kombination aus Feuer und Wasser. Das Element Feuer herrscht vor, Du kannst aber auch wässrige Eigenschaften, Farben und Formen erkennen.

Feuer/Luft:

das Element Feuer wird durch Luft leicht variiert. Eine solche Wesenheit könnte zum Beispiel eine intelligente, Formeln und Ideen von sich gebende Feuersäule sein. Das soll Dich jetzt nicht einschränken, ordne nur wie gewohnt die Eigenarten zu.

Feuer/Erde:

Feuer herrscht vor.

Wasser/Wasser:

wie bei Wasser angegeben.

Wasser/Feuer:

Wasser herrscht vor, es sind jedoch Züge des feurigen Elementes erkennbar. Die Ebene könnte beispielsweise von Geysiren übersät sein.

Wasser/Luft:

Wasser herrscht vor.

Wasser/Erde:

Wasser herrscht vor.

Luft/Luft:

wie bei Luft angegeben.

Luft/Feuer:

Wesenheiten dieser Ebene sind luftige Geschöpfe von sehr hitzigem Charakter.

Luft/Wasser:

hier könnten intelligente Geschöpfe, die im Wasser leben, zu sehen sein.

Luft/Erde:

Luft herrscht vor.

Erde/Erde:

wie bei Erde angegeben.

Erde/Feuer:

die Wesenheiten sind wesentlich aktiver als bei der Erde/Erde-Ebene.

Erde/Wasser:

z.B. Gnome, die auf Inseln leben.

Erde/Luft:

die Wesenheiten könnten sich z.B. mit intelligenten Wissenschaftsformen wie Mathematik o.ä. beschäftigen.

Ich werde in den Kapiteln Astralvision und Astralprojektion genauer darauf eingehen, wie Du diese Tattwa-Ebenen besuchst. Nun musst Du nur noch wissen, wie Du Tattwas herstellst!

2.1.2 Herstellung von Tattwas

Wie stellt man ein Tattwa her?

- ⋆ Beginne damit, Dir feste Pappe oder auch Holz zu besorgen.
- ⋆ Schneide ein Quadrat von ca. 12cm Kantenlänge aus und male es sattschwarz oder sattweiß (für Akasha / Geist) an.
- ⋆ Zeichne Dein Grundsymbol, also das Ei, das Dreieck, den Mond, den Kreis oder das Quadrat aus. Es sollte etwa 8 cm groß sein.
- ⋆ Nun male das Tattwa aus. Die Farben sind:
- ⋆ Feuer: ein kräftiges, leuchtendes Karminrot.
- ⋆ Wasser: ein schönes, leuchtendes Silber, klar und nicht vermischt.
- ⋆ Luft: ein sattes Kobaltblau.
- ⋆ Erde: ein sattes Gelb, nicht Orange und nicht strahlend.
- ⋆ Geist: ein sattes Schwarz, nicht glänzend.
- ⋆ Du solltest keine Lackfarben, sondern nur satte Farben verwenden!
- ⋆ Trage die Farbe so auf, dass sie gleichmäßig ist, keine Schlieren hat und nicht verläuft. Plaka-Farben eignen sich bestens.
- ⋆ Dann lass die Farbe gründlich trocknen.
- ⋆ Bemerkst Du noch Unsauberkeiten, wiederhole den Malvorgang.
- ⋆ Wenn Du willst, lackiere das Tattwa leicht glänzend. Lackierte Tattwas sind im allgemeinen wirkungsvoller.

Abb. 1: Die Tattwas

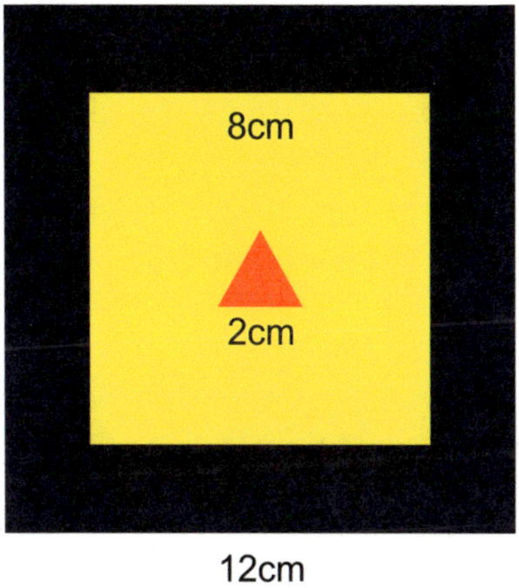

Abb. 2: Erde/Feuer Tattwa

Fertig ist Dein Tattwa. Wenn Du mit kombinierten Tattwas arbeitest, setze in die Mitte nach dem Trockenvorgang das untergeordnete Symbol. Es sollte eine Größe von 2 cm haben. Spätestens hier wirst Du feststellen, weshalb sich gerade Plakafarben eignen. Sie decken am besten, Du bekommst also keine Mischfarben. Hast Du eine andere Farbe verwendet und die Farben verschmelzen, arbeite nicht mit dem Tattwa, sondern verbrenne es!

Beispiel - Erde/Feuer

Du malst ein Erd-Tattwa, in dessen Mitte Du ein Feuer-Tattwa setzt. Das Erd-Tattwa (gelbes Quadrat) hat eine Seitenlänge von 8 cm, das Feuer-Tattwa (rotes Dreieck) eine von 2 cm. Siehe auch Abb. 2)

2.1.3 Siegel

Schreibe jetzt bitte Deinen Namen mit der Hand. Und siehe da, Du hast ein Siegel von Dir hergestellt!

Sicher, das ist eine sehr vereinfachte Darstellung dessen, was ein Siegel ist. Und die Frage, wieso das eine Tür zu einer Astralwelt sein soll, brennt Dir sicher auf den Lippen. Also werde ich etwas genauer erklären:

- ⋆ Wenn Du einer Wesenheit astral begegnest und sie zeigt Dir eine Zeichnung, einen Buchstaben oder auch eine Zahl, hast Du ein Siegel bekommen.
- ⋆ Wenn Du mit diesem Siegel jederzeit wieder Kontakt zu der Wesenheit aufnehmen kannst, ihre Ebene besuchen kannst, dann ist es ganz sicher ein Siegel!

Siegel sind also:

- ⋆ Zeichnungen, Bilder oder Formen, mit denen Du Kontakt zu Wesenheiten aufnehmen kannst.

Außerdem sind sie Ausdruck des Charakters der Wesenheit und seiner Ebene!

Siegel sind: Symbole, die den Charakter der Wesenheit und seiner Ebene ausdrücken!

Ein Siegel ist also nicht einfach nur eine Zeichnung! Es beinhaltet viel mehr! Jeder Strich eines Siegels hat seine eigene, besondere Bedeutung. Aus allen Strichen, Formen, Farben zusammen ergibt sich die Gesamtbedeutung. Egal, ob Du ein bekanntes Siegel verwendest, oder von einer Wesenheit eines übermittelt bekommst, Du musst Dich auf jeden Fall damit beschäftigen. Um die Bedeutung herauszubekommen, tue folgendes:

- ⋆ Assoziiere erst einmal frei: Was sagt Dir das Siegel? Woran erinnert es Dich? Welche Gedanken, Bilder, Gefühle, Gerüche und Geschmäcker löst es bei Dir aus? Schreibe alles ganz genau auf.

- ⋆ Dann greife Dir ein Buch über Kabbala und/oder über magische Symbole. Gibt es Korrespondenzen? Vielleicht steckt in dem Siegel der hebräische Buchstabe Aleph. Dann sieh in dem Kabbala-Buch nach, was das Aleph zu bedeuten hat.
- ⋆ Tauchen Kreise, Dreiecke, Vierecke, Sterne, Tierkreiszeichen, Planetensymbole auf? Dann lies in der entsprechenden Literatur nach, was diese Symbole bedeuten.
- ⋆ Welches einzelne Symbol schließt an das andere an? Vielleicht ist die Grundform das Wassermann-Zeichen, kombiniert mit einem Kreis.
- ⋆ Analysiere alles ganz genau und notiere Dir Deine Ergebnisse.
- ⋆ Zum Schluss bringe alles in einen Zusammenhang.
- ⋆ Natürlich kannst Du Dir von der Wesenheit auch direkt Informationen geben lassen, Du solltest sie aber immer überprüfen! Eine Wesenheit, die Dir etwas von ihrer feurigen Natur erzählt und deren Siegel aus einem silbernen Mond besteht, scheint widersprüchlich und ich rate Dir zu äußerster Vorsicht. Eine andere Erklärung könnte natürlich sein, dass Deine astrale Wahrnehmung noch nicht besonders gut ist. Wie dem auch sei, das Überprüfen solltest Du keinesfalls unterlassen.

An dieser Stelle will ich Dir eine kleine Geschichte von einem Bekannten erzählen. Sie schildert sehr deutlich, wie man es besser nicht machen sollte:

Stefan, 25 Jahre alt, beschäftigte sich schon eine Weile mit Magie. Er hatte eine besondere Vorliebe für Rituale, weniger Vorliebe allerdings für Bedeutungen. Er fand es schick, stundenlang Verse zu rezitieren und auf wilde Ergebnisse zu warten.

Eines Tages entschied er sich dafür, mit dem Projektionskörper Kontakt zu einem Dämonen aufzunehmen. Da er durch die Rituale ohnehin den unüberprüften Eindruck hatte, »Etwas« interessiere sich für ihn, setzte er sich in seinen Tempel und meditierte. Bald schon meinte er, jemanden wahrzunehmen und ließ sich ein Siegel geben. Das Siegel war ein wirres

Knäuel, das aussah wie eine durcheinandergeratene Spirale. Mitten in dem Siegel befand sich ein rotes Dreieck.

Stefan war begeistert. Er fragte die Wesenheit nach der Bedeutung des Siegels. Sie sagte ihm, es bedeute, dass es sich bei ihr um eine Wesenheit von der Wasser-Ebene, kombiniert mit dem Planeten Jupiter handele. Zumindest verstand Stefan die Wesenheit so.

Wenig später geschah etwas Seltsames: Stefan »vergaß«, eine Kerze auszublasen und hätte fast seinen Tisch in Brand gesteckt. Ein paar Tage später explodierte seine Kaffeemaschine. Stefan dachte sich weiter nichts dabei. Als noch ähnliche Fälle passierten (eine Herdplatte glühte durch und das elektrische Licht im Haus fiel aus), wurde ein Mitbewohner aufmerksam. Selbst bewandert im Astralreisen ging er der Ursache nach.

Und: Er bekam Kontakt zu der Wesenheit, ließ sich das Siegel geben und analysierte: Es handelte sich um eine Wesenheit von der Feuer-Ebene, kombiniert mit ungerichteten Luft-Elementen. Die Wesenheit schien etwas sauer darüber, dass Stefan so seltsam mit ihr redete, sie ging davon aus, Stefan alles Wichtige über sich erzählt zu haben. Sie hatte ihm mitgeteilt, wo sie herkam, was sie wollte und wie sie gedachte, mit Stefan zusammenzuarbeiten. Dieser aber kannte sich mit Astralarbeiten überhaupt nicht aus, und so wurde die Arbeit stark behindert.

Die Wesenheit hatte dann versucht, sich über das Materielle bemerkbar zu machen, wurde aber weiterhin nicht beachtet. Stefan begann danach, ernsthaft zu forschen und ließ sich von seinem Mitarbeiter im Astralreisen anleiten. So konnte das Schlimmste verhindert werden.

2.1.4 Einfache und zusammengesetzte Symbole

Ein Symbol ist eine Darstellung, ein Bild Ton, Buchstabe, Geruch... mit einer Bedeutung in einem anderen Bereich. Das Bild eines Herzens steht zum Beispiel für das Gefühl der Liebe. Unter einem Symbol kann man erst einmal alles verstehen, dem man eine Bedeutung zuordnen kann. So gesehen kann natürlich alles ein Symbol sein! Sowohl die Tattwas, als auch Siegel sind Symbole, ebenso die

Tarotkarten, wenn diese auch sehr umfangreiche und komplexe zusammengesetzte Symbole sind!

Symbol *= Wort, Bild, Gefühl, Zahl, Ton o.ä., mit dem Du eine Bedeutung zuordnest.*

Trotzdem gehe ich noch einmal auf Symbole ein, denn sie bieten Dir noch viel mehr Möglichkeiten! Es gibt sehr viele Bilder, die aus Symbolen zusammengesetzt wurden. Nimm nur die Bilder von Picasso: Sie sind ein einziges Wirrwarr von Symbolen. Jedes dieser Bilder lebt, oder genauer: Du kannst es durch astrales Bereisen beleben.

Beachte, dass Du genauso gründlich bei der Prüfung und beim Erarbeiten der Bedeutungen vorgehst, wie bei den Siegeln.

Du kannst jedes Symbol bereisen! Aber bereite Dich gründlich darauf vor und erarbeite Dir die Bedeutung des Symboles im Voraus. Prüfe alles!

2.2 Die astrale Seite unserer materiellen Welt

Ich hatte es bereits geschildert: Du kannst auch unsere materielle Welt astral bereisen! Im Grunde genommen ist diese Form des astralen Reisens diejenige, die Du am besten überprüfen kannst! Ein Beispiel:

Eine Gruppe junger, noch unerfahrener Astralreisender beschloss, gemeinsam astrale Ausflüge in ihrer Wohnung zu unternehmen. Sie reisten immer zu dritt, der vierte im Bunde baute in der Wohnung auf einem Tisch ein paar Gegenstände auf. Aufgabe der Drei war es, zu diesem Tisch zu gehen und die Gegenstände zu erkennen. So wurde beispielsweise einmal dort eine Buddhafigur, ein Kerzenleuchter und ein Schuh aufgebaut. Nach einiger Zeit der Übung gelang es unseren Dreien, wenigstens 2 der Gegenstände am richtigen Ort wahrzunehmen. Sie zeichneten still, ohne sich abzusprechen, die Gegenstände nach dem Reisen direkt auf und verglichen danach.

Gerade am Anfang ist es nicht gerade einfach, die astrale Seite unserer Welt zu bereisen. Das hat weniger damit zu tun, dass es einfacher ist, eine Tattwa-Ebene zu bereisen, sondern die Überprüfungen sind wesentlich genauer! Deshalb empfehle ich jedem Anfänger, erst dann mit diesen Reisen anzufangen, wenn er schon Erfahrungen mit anderen Ebenen gemacht hat. Es ist einfach zu enttäuschend, am Anfang so viele Fehler zu machen. Wenn Du schon andere Erfahrungen gemacht hast, ist es aber notwendig! Du lernst hierdurch, Deine Wahrnehmungen zu verfeinern und bekommst direktes Feedback darauf, wie gut Deine Wahrnehmungsfähigkeit schon ist.

Du musst auch beachten, dass es subtile, feine Unterschiede zwischen der astralen Seite der Welt und der materiellen Welt gibt. Wenn Du auf solche Unterschiede triffst, versuche nicht, mit Gewalt das gewohnte Bild der materiellen Welt wahrzunehmen, sondern bemerke und notiere den Unterschied. Prüfe, ob es bei verschiedenen Experimenten gleich ist, oder ob Du jedesmal etwas anderes siehst, riechst, hörst oder fühlst. Mit der Zeit wirst Du feststellen, dass bestimmte Unterschiede typisch sind. Lebewesen und »beseelte« Gegenstände können zum Beispiel astral ganz anders aussehen, als materiell.

Ich unterteile im folgenden die einzelnen Stufen des Bereisens der astralen Seite unserer materiellen Welt:

- ⋆ Am Anfang beginne nur damit, in dem Raum, in dem Du meditierst, ein wenig herumzuwandern. Betaste die Wände und die Gegenstände im Raum. Versuche, die Gegenstände und alles, was sich darin befindet, möglichst klar zu sehen und zu fühlen. Wiederhole dies solange, bis Du die Wände so fühlen kannst, als würdest Du sie materiell anfassen.
- ⋆ Dann verlasse den Raum und wandere ein wenig durch die Wohnung. Betaste auch hier alles. Fühle jeden Schritt, den Du machst, ganz genau. Versuche nicht, durch Decken zu steigen oder sonstiges. Halte Dich an Deine gewohnten Bewegungsabläufe. Sicher ist es auch möglich, durch Decken zu schweben, aber Du steigerst Deine Konzentration besser, wenn Du zunächst noch beim Gewohnten bleibst.
- ⋆ Im nächsten Schritt kannst Du durch Decken schweben, durch Wände gehen etc. Wie fühlt sich die Decke an, durch die Du schwebst? Achte auf alles sehr genau.
- ⋆ Hiernach sieh, wer sich in welchen Räumen aufhält. Bitte Deine Freunde, ihre Zimmer während der Zeit, in der Du meditierst, nicht zu verlassen. Wo sitzen sie? Sind sie allein? Überprüfe Deine Ergebnisse im Anschluss!
- ⋆ Nun kannst Du damit anfangen, Gegenstände aufbauen zu lassen. Nenne einen Tisch, auf dem drei Gegenstände stehen oder liegen sollen. Gehe astral zu diesem Tisch. Präge Dir die genaue Lage und das Aussehen der Gegenstände ein. Kehre in Deinen materiellen Körper zurück und schreibe / zeichne alles genau auf. Erst dann prüfe, ob Du richtig gesehen hast.

- Als nächstes lasse Gegenstände in Kisten packen. Sieh nach, was in der Kiste ist. Zeichne wieder alles auf und überprüfe.
- Erst, wenn dies gut funktioniert, verlasse das Haus! Besuche Deine Eltern oder Freunde. Sieh, wo sie sich aufhalten, höre, worüber sie reden. Schreibe wieder auf und prüfe hiernach durch einen Telefonanruf, ob das, was Du sahst und hörtest, korrekt war.
- Bedenke, dass Du sehr schnell per Gedanken reisen kannst. Wenn Du also jemanden außerhalb Deiner Wohnung besuchen willst, dann kannst Du hinfliegen. Wähle Dir Deine Flugroute vorher aus. Fliege nicht zu schnell, sondern betrachte die Landschaft sehr genau. Meist reicht es, sich vorzustellen, dass man fliegt und schon klappt es. Denke nur an Deinen Flugweg, nicht an den Ort, wo Du hinwillst. Ansonsten kann es passieren, dass Du schon da bist, ehe Du näher darüber nachgedacht hast. Das kann zu etwas härteren Landungen oder gar Abstürzen während des Fluges, Zeit- oder Raumverschiebungen führen.
- Erst, wenn Du auch in diesen Ausflügen erfolgreich warst und Deine Ergebnisse stimmen, kannst Du mit Reisen zu anderen Städten, zum Mond, zum Meer, zum Nordpol etc., beginnen. Du weißt nun, dass Du Deinen Ergebnissen vertrauen kannst, also weißt Du auch, dass alles Neue, was Du siehst, vermutlich korrekt ist.
- Im letzten Teil beginne mit Veränderungen der materiellen Welt.
  - Veränderungen der Materie: Du kannst mit etwas Übung, Konzentration und astraler Erfahrung die materielle Welt verändern. Das übst Du mit einfachen Gegenständen: Baue vor Dir, in dem Zimmer, in dem Du meditierst, einen Zahlenwürfel auf. Oben drauf liegt eine 1. Reise astral zu diesem Würfel und lege ihn so, dass eine andere Zahl oben liegt. Zuerst musst Du die Zahl nicht festle-

gen, später ist es sinnvoll, um die Ergebnisse konkreter werden zu lassen. Du kannst auch einen Gegenstand mit Linien kennzeichnen, so dass Du genau siehst, wo er liegt. Verschiebe ihn astral.

Ein paar Anmerkungen: Das alles hört sich sehr einfach an und ist es im Grunde genommen auch, aber: Du benötigst Konzentration, Erfahrung, Selbstkontrolle! Du wirst nur bis zum letzten Punkt kommen, wenn Du ernstlich bei der Sache bist. Du musst auch lernen, Misserfolge einzustecken. Deshalb ist es immer sinnvoll, mit anderen zusammen zu meditieren und auch astral zu reisen. Ihr könnt Euch astral verständigen, Euch Nachrichten zukommen lassen, astrale Bewegungen machen, die Ihr miteinander vergleicht. Das gibt viel Anlass zur Belustigung, und es ist eine weitere gute Konzentrations- und Überprüfungsübung. Eine kleine Geschichte von ein paar Zeitreisenden macht das deutlich:

Manuela, Sophie und Thomas übten schon sehr lange das Reisen im Ätherkörper. Nachdem es ihnen gelang, über längere Zeiten gute Ergebnisse im astralen Sehen von Gegenständen auf Tischen und in Kisten zu erzielen, begabe nsie sich auf längere Reisen. Sie flogen gemeinsam zu einem Aussichtsturm in der Nähe. Sophie stürzte jedesmal unterwegs ab. Sie sah in der Luft für Manuela und Thomas aus wie eine bleierne Ente, die durch die Gegend torkelte. Manuela und Thomas fielen einmal vor Lachen auch fast herunter. Sophie fand das gar nicht komisch, da sie den Aussichtsturm immer nur mit Mühe erreichte. Für Thomas und Manuela waren ihre gemeinsamen Wahrnehmungen ein Kriterium für die Richtigkeit ihrer Wahrnehmungen. Sophie aber übte materiell, ihren Gleichgewichtssinn zu verbessern und konnte nach einiger Zeit auch besser fliegen.

Etliche Probleme hatten die Drei auch mit dem Verändern von Materie. Zuerst übten sie zu dritt, da sie dachten: Drei Konzentrierte schaffen mehr als einer. Fehlschlag! Jeder der Drei hatte eine andere Vorstellung davon, was er astral machen müsse, um den Würfel zu drehen. So drehte Frank, indem er den Würfel hochheben wollte, Manuela dadurch, dass sie den Würfel nur mit anderen Zahlen imaginierte und Sophie, indem sie den Würfel drehte. Sie arbeiteten gegeneinander und bemerkten das auch, konnten sich aber astral nicht einigen. Nach etwas Übung bekamen Sie auch das gewünschte Ergebnis. Jede Reise machte ihnen immer sehr viel Spaß und sie möchten die Erfahrungen von damals heute keinesfalls missen.

Noch auf eines will ich Dich hinweisen: Wenn es Dir gelingt, unsere materielle Welt astral zu sehen, anzufassen und so weiter, dann halte Dich immer nur an Gegenstände! Berühre niemals Menschen oder andere Lebewesen! Lebewesen sind sehr viel empfindlicher als Gegenstände und es könnten sich unangenehme Folgen ergeben. Halte Dich auch von Deinem eigenen Körper fern.

Fasse astral keine Lebewesen an!

Kapitel 3

Die astrale Praxis

Da Du nun sicher schon darauf brennst, mit dem astralen Reisen anzufangen, will ich Dich nicht länger auf die Folter spannen. Die folgenden Kapitel erklären Schritt für Schritt, wie Du vorgehen, was Du können und was Du berücksichtigen musst.

3.1 Vorbereitung

Für alles, was Du heute kannst, hast Du eine eine gewisse Zeit benötigt, um es zu erlernen. Ich komme wieder auf das Beispiel mit dem Kleinkind zurück:

Als Du gerade den Windeln entschlüpft warst, musstest Du lernen zu laufen. Du meine Güte, war das schwierig. Ein Bein vor das andere zu setzen und das Ganze, ohne hinzufallen. Du musstest Dich konzentrieren und genau auf Deine Muskelkoordination achten. Dein Gleichgewichtssinn war noch nicht sehr gut ausgeprägt, ständig bist Du gefallen, hast Dir die Knie aufgestoßen oder bist mit dem Kopf ans Stuhlbein geschlagen.

Mit dem Astralreisen ist es genauso! Es gibt ein paar Grundregeln, die Du beachten musst, sonst fällst Du im übertragenen Sinn auf die Nase. Zu diesen Grundregeln gehört:

- ⋆ Du brauchst eine **feste Stellung**, eine **Körperhaltung**, die Du nur für Meditationen verwendest. Diese Stellung wird Dir helfen, Dich zu entspannen und zu konzentrieren. Die Stellung muss bewegungslos über wenigstens eine Stunde schmerzfrei gehalten werden können, ansonsten lenkst Du Dich zu sehr ab. Die Stellung muss »wach« sein, Du darfst nicht einschlafen. Stellungen dieser Art sind zum Beispiel *Savasana, Drachensitz (s. Abb. 3 auf S. 37) und Sidhisana*. Die Stellungen werden in dem Buch »Grundlagen der Meditation« (im gleichen Verlag erschienen) genau beschrieben.
- ⋆ Als nächstes musst Du Dich **entspannen** können. Ein unentspannter physischer Körper tut weh, lenkt Dich ab, Du kannst Dich nicht **konzentrieren**. Für das astrale Reisen heißt das: Du beschäftigst Dich mehr mit Deinen Körperverspannungen, als mit dem Reisen. Das kannst Du dann so beobachten: Es ist, als würde der astrale Körper am materiellen Körper »festkleben«. Mir geschah es eine Zeit lang, dass ich mit meinen Füßen nicht vom Boden wegkam. Es war, als hing ich mit den Füßen am materiellen Körper fest. Mein Oberkörper konnte sich frei be-

wegen, ich kam aber nicht von der Stelle. Für andere astrale Beobachter muss es sehr komisch ausgesehen haben, wie ich da mit den Armen in der Gegend herumwedelte, während meine Füße an meinem physischen Körper hingen.

- **Konzentration** ist auch wichtig! Wer sich nicht konzentrieren kann, kann auch nicht astral reisen. Stell Dir nur vor, Du willst eine Tattwa-Ebene besuchen und denkst dauernd: »So, jetzt mache ich meine Übung. Mein linker Fuß juckt, da bellt ein Hund. Mist, ich muss noch meine Mutter anrufen. Wieso sehe ich denn nichts?« und so weiter...
- Lerne, Deine **Gedanken unter Kontrolle** zu halten! Es ist wichtig, dass Du gelernt hast, Dich nicht aufzuregen oder emotional zu werden! Du brauchst einen klaren Kopf. Es kann zu sehr unangenehmen Erfahrungen führen, wenn Du Dich auf der astralen Ebene über eine Wesenheit ärgerst, weil sie »Idiot« zu Dir gesagt hat. Das kannst Du im Alltag trainieren. Deine Meditationsstellung, die Entspannungs- und Konzentrationsübungen werden Dir helfen. Hier ein Beispiel, was einem Bekannten von mir geschah, weil er dies nicht gelernt hatte:

Torsten war schon immer ein kleiner Hitzkopf. Er liebte es, astrale Welten in voller Fantasie-Look-Montur a la Mad Max zu besuchen. Im Alltag war mit ihm nicht gut Kirschenessen. Wer ihn ärgerte, musste damit rechnen, angeschnauzt zu werden. Leider vertrat Torsten nicht die Ansicht, dass Emotionen auch mal hinderlich werden können, was ihm einigen Ärger einbringen sollte. Er bereiste eine Elementen-Ebene, nämlich die Erd-Ebene. Dort angekommen, wieder in voller Montur mit Maschinengewehr etc., begegneten ihm einige kleine Erd-Wesen. Sie fragten ihn, was er wolle. Torsten glaubte, sie wollten ihn angreifen und wurde sauer. Wild feuerte er mit seinem Maschinengewehr durch die Gegend und verließ die Ebene so schnell, wie er gekommen war. Stolz erzählte er von seinem Erlebnis. Dummerweise wollte er die Ebene wieder besuchen und nachsehen, ob die kleinen Wesen inzwischen gelernt hatten, ihn höflich zu behandeln. Diesmal hatten sie gelernt, aber etwas anderes! Sie begegneten ihm mit

Steinschleudern und verletzten ihn astral. Torsten klagte noch Tage später über Kopfschmerzen...

Ein anderes Beispiel erläutert, was geschehen kann, wenn es Dir an Konzentration mangelt:

Ich lande wieder bei unserem Torsten, der auch nicht viel mit Konzentration am Hut hatte... Er beschloss, sich mit Runenmagie zu beschäftigen. Sein Interesse für diese alten Symbole stieg immer mehr und er fummelte sich wirklich sehr gut in dieses System ein. Eines Tages bereiste er ein Runensymbol und bekam Kontakt zu zwei Wesenheiten dieser Ebene. Sie wurden gute Freunde und halfen Torsten bei einigen Dingen. Schließlich aber gab es ein paar Kommunikationsschwierigkeiten. Torsten, unbedarft in Konzentration, verstand sie einige Male falsch und entschied sich, den Kontakt sofort abzubrechen. Sie wirkten feindlich auf ihn, dabei wollten sie ihm nur mitteilen, dass er in der nächsten Zeit Ärger mit dem Finanzamt bekommen sollte. Da dieser Tempel jedoch einigen anderen Leuten, unter anderem auch mir, zur Verfügung stand, sollte sich der Fehler herausstellen:

Ich saß in dem Tempel, um in Ruhe zu meditieren. Plötzlich spürte ich eine Berührung an meinem Astralkörper. Dies veranlasste mich dazu nachzusehen, ob dort draußen jemand etwas von mir wolle. Ich sah nach, und: Vor mir standen zwei aufgeregte Wesenheiten von der Runen-Ebene. Sie waren stocksauer, da Torsten die Tore vor ihnen zugemacht hatte. Nun konnten sie weder zurück, noch waren sie bereit, mit Torsten zu verhandeln. Ich öffnete ihre Tore wieder, und sie verabschiedeten sich. Torsten lernte daraus, dass es sinnvoller wäre, sich zu konzentrieren, anstatt schnelle Aktionen aufgrund von Missverständnissen zu starten. Seither gehört er zu den - mir bekannten - erfolgreichsten Meditierern. Seine Astralarbeiten stellte er solange ein, bis er seiner Konzentration wieder voll vertraute.

3.1.1 Techniken der Entspannung

Nun will ich Dir - in der für Dich passenden Reihenfolge - ein paar Entspannungstechniken darlegen. Sie in diesem Buch genauer zu

Abb. 3: Drachensitz-Asana

erläutern, würde den Umfang bei weitem sprengen. Ich empfehle Dir, die im Literaturverzeichnis aufgeführte Literatur anzusehen.

3.1.1.1 Mantram-Meditation

- ⋆ Wenn Du noch nie meditiert hast, empfehle ich Dir eine leichte Mantram-Meditation. In dieser wiederholst Du über einen bestimmten Zeitraum ein Wort oder einen Satz ohne Sinn. Die Wörter wähle sorgfältig aus. Beruhigend und entspannend wirken alle Wörter mit A-, O- und U-Lauten. Ergänzend hierzu treibe Sport, Bioenergetik und Yoga. Das wird Deine Muskeln durchbluten und verspannte Muskelpartien lockern.

3.1.1.2 Autogenes Training

- ⋆ Nach der Mantram-Meditation beginne mit dem Autogenen Training. Führe es ca. 1 1/2 bis 2 Stunden über den Tag verteilt durch. Ergänzend hierzu führe Bioenergetik und Massagen durch. Wenn Du die Grundstufe des Autogenen Trainings abgeschlossen hast, bist Du so entspannt wie nötig.

3.1.2 Techniken der Konzentration

Die Fähigkeit zur Konzentration ist der wichtigste Pfeiler Deiner Arbeit. Ohne Konzentration läuft gar nichts. Lass uns deshalb an dieser Stelle einen kurzen Test machen, der Dir zeigt, wie es um Deine Konzentrationsfähigkeit bestellt ist.

Ohne Konzentration läuft gar nichts!

- ⋆ Besorge Dir eine Uhr mit Sekundenzeiger.
- ⋆ Suche Dir einen gemütlichen Platz, an dem Du locker und entspannt sitzen kannst. Solltest Du schon eine feste Meditationshaltung haben, nimm diese ein.

* Nun betrachte den Sekundenzeiger.
* Konzentriere Dich nur auf ihn. Alles, was nichts mit dem Sekundenzeiger zu tun hat, ist eine Konzentrationsunterbrechung. Dazu zählen zum Beispiel:
    * Gedanken wie »Mensch, ich konzentriere mich aber gut«,
    * Gedanken an das Mittagessen,
    * das Ansehen der anderen Zeiger der Uhr,
    * das Hören des Tickens der Uhr,
    * das Hören anderer Geräusche aus Deinem Zimmer
* Sobald Du eine Störung bemerkst achte auf die Zeit. Wie lange hast Du Deine Konzentration gehalten?

Die meisten Menschen, die diese Übung zum ersten Mal machen, glauben, sie hätten sich länger als 30 Sekunden konzentriert. Viel realistischer sind 5 oder 10 Sekunden!!! Sei also nicht traurig, wenn es Dir nicht länger gelang. Das zeigt nur, dass Du sehr aufmerksam warst, und das zeichnet Dich aus.

Die wenigsten können sich am Anfang länger als 2-3 Sekunden tatsächlich konzentrieren!

Doch nun zu den Konzentrationsübungen. Ich habe sie wieder so aufgeführt, dass die ersten Übungen für den Anfänger, die danach für den Fortgeschrittenen sind.

* Beginne mit Mantram-Meditationen. Achte nur darauf, dass Du bei Deinem Mantram bleibst. Wenn Du es verlierst, führe entweder Deinen anderen Gedanken zu Ende oder nimm das Mantram wieder auf.
* Danach kannst Du anfangen, jede Störung in der Meditation mit »Störung!« zu kommentieren.
* Hiernach beginne, Deine Störungen pro halbe Stunde mit einem Rosenkranz oder einer anderen Schnur, auf der Perlen aufgereiht sind, zu zählen. Zähle all die Störungen, bei denen

Du Deine Meditation unterbrichst. Das heißt für die Mantram-Meditation: Immer, wenn Du an etwas anderes denkst als das Mantram.

- ⋆ Nun zähle die Störungen, die genauso stark sind wie Dein Mantram. Das heißt, Du verlierst Dein Mantram nicht mehr ganz, es geht nur etwas in den Hintergrund.
- ⋆ Zum Schluss zähle auch die Störungen, die feiner sind als das Mantram. Das kann manchmal nur die Ahnung davon, dass gleich eine Störung kommt, sein.

Passende Meditationen der Reihenfolge nach sind:

- ⋆ Mantram-Meditation.
- ⋆ Körper-Meditation - mit ihr steigst Du per Projektionskörper aus!
- ⋆ Mantram-Meditation mit Störungen zählen.
- ⋆ Atem-Meditationen. Dies sind einfache Meditationen auf das Heben und Senken der Bauchdecke zum Beispiel.
- ⋆ Bildmeditationen.
- ⋆ Atemmeditationen. Feinere Atem-Meditationen, zum Beispiel auf die Berührung der Atemluft an den Nasenrändern achten.

3.1.3 Kontrolle im Alltag

In diesem Kapitel geht es um Zweierlei:

1. Du musst lernen, die gewohnte Konzentration und Aufmerksamkeit auch auf Deinen Alltag zu übertragen.
2. Du lernst, Deine Gedanken, Gefühle etc. unter Kontrolle zu halten.

- ⋆ Halte Deine Umgebung und auch Dich selbst immer sauber. Ein unaufgeräumtes Zimmer ist ein Anzeichen für unsortierte

Gedanken! Nimm einfach Deine Umgebung als Anzeichen dafür, wie bewusst und aufmerksam Du bist.

- Für Astralreisen ist Sauberkeit der Wohnung und Person sehr wichtig. Nimm an, Du besuchst die Tattwa-Ebene Wasser. Aus Versehen unterlief Dir ein Fehler und eine Wesenheit besucht auch Dich. Da Du sehr unordentlich bist, und bei Dir immer mal wieder Wasserhähne tropfen oder Badewannen überlaufen, fällt Dir gar nicht auf, dass die Wohnung plötzlich feuchter wird. Ab und zu quietscht der Teppich, die Decke fault etc. Als ordentlicher Mensch fällt Dir sofort auf, wenn etwas nicht stimmt.
- Die wichtigste Regel lautet: Glaube nichts, egal wem! Das ist deshalb wichtig, weil Du Dich von Deinen eigenen Glaubensvorstellungen lösen musst, wenn Du astral reist. Die Wesenheiten anderer Ebenen haben völlig andere, zum Teil sehr fremdartige, Vorstellungen von der Welt als Du. Wenn Du von ihnen lernen willst, musst Du akzeptieren können, dass solche Vorstellungen überhaupt funktionieren können. Diese Regel habe ich in folgende Unterregeln gegliedert:
    - Glaube nie an eine Wirklichkeit - es gibt viele!
    - Glaube nie an eine Wahrheit - denn es gibt keine absoluten Wahrheiten.
    - Glaube nicht an Gut und Böse. Was für Dich gut ist, ist für einen anderen böse. Was für Dich ein Teufel ist, ist vielleicht für eine Wesenheit der Erd-Ebene ein Gott!
    - Glaube nicht an Autoritäten! Es mag Dir eine Wesenheit erzählen, sie sei die Größte aller Größten. Das dachten schon viele gescheiterte Diktatoren. Glaube es auch nie von Dir selbst!
    - Habe keine Angst zu sündigen. Sünde hängt mit Glauben zusammen und ist für jeden anders.

  - ⋆ Schreibe keinem anderen etwas vor. Was für Dich gut ist, kann eine Wesenheit der Erd-Ebene in den Tod führen.
  - ⋆ Glaube nicht an Regeln, sie sind nicht verbindlich. Prüfe, ob sie für Dich nützlich sind.
  - ⋆ Füge Dich keinem Stärkeren, nur weil er ein Maschinengewehr hat. Sei klug und schlau, schätze Deine Lage ab und versuche zu verhandeln.
  - ⋆ Übergib keinem anderen die Verantwortung für Dein Handeln oder Erleben. Was kann eine Wesenheit dafür, dass Du etwas tust oder erlebst, sie erlebt doch selbst ganz anders.
  - ⋆ Gib auf, alles immer nur auf eine Art zu machen. Du brauchst Verhaltensvielfalt, um Neues zu erlernen.
  - ⋆ Glaube niemals an die Vergangenheit, nur die Zukunft zählt. Zeit ist auf vielen Ebenen vollkommen anders als hier.
  - ⋆ Bringe keine Opfer, damit entwürdigst Du Dich selbst und andere.
  - ⋆ Habe keine Angst vor Veränderungen, nur durch sie kannst Du Neues erleben.

- ⋆ Die nächste Regel heißt: Entwickle Deinen Willen, schule Dich. Die Unterregeln dafür sind:
  - ⋆ Lerne, wenigstens 2 Stunden in Deiner Meditationshaltung zu verharren. So schaffst Du es, mit Deinen Problemen allein klarzukommen.
  - ⋆ Beherrsche Deinen Atem. Atmen ist Leben. Wer kontrolliert atmen kann, beherrscht auch seine Gefühle. Pranayama ist eine gute Technik, dies zu erlernen. Sie wird in »Techniken der Bewusstseinserweiterung« von M.D. Eschner erläutert.
  - ⋆ Glaube an keine Wunder, nur dann kannst Du selbst welche machen.

- ⋆ Übernimm für alles Verantwortung. Du bereist neue Welten, Du erschaffst sie für Dich. Sei im Alltag verantwortungsvoll und Du lernst es!
- ⋆ Bilde Deine eigenen Regeln und lebe nach ihnen. Beschließe, wie Du isst, trinkst, lebst, denkst, sprichst.
- ⋆ Entspanne Dich, jede Verspannung behindert Deinen Willen und damit Deine astrale Arbeit.
- ⋆ Lerne, auch das zu mögen, was Du heute hasst. Hässliche Menschen sind die, die Du als hässlich ansiehst. Was kann ein Faun dafür, dass Du seine zwei Hufe hässlich findest? Für ihn sind sie schön und Du könntest ihn kränken.

Glaube nichts, tue alles!

3.1.4 Schutzvorkehrungen für Deine Arbeit

Wenn Du astral arbeitest, können einige Probleme auftreten. Ich werde im folgenden nur kurz erwähnen, wie Du damit umgehen kannst. Die meisten sind in dem Buch »Erste Hilfe bei magischen Unfällen« bestens beschrieben.

- ⋆ Du fühlst Dich nach einer Astralreise müde, schwach, unkonzentriert, hast Wahrnehmungsstörungen oder ähnliches.
  - ⋆ Es kann sein, dass Du jemandem begegnet bist, der Dir nicht freundlich gesonnen war. Dann führe entsprechende Bannungsrituale durch.
  - ⋆ Ich habe in den Kapiteln unter 3.3. beschrieben, wie Du vorgehen sollst. Prüfe, ob Du wirklich alles so gemacht hast. Möglicherweise nahmst Du nicht gründlich genug zurück. Dann wiederhole diesen Vorgang.
  - ⋆ Du bist nicht gereist, sondern hast geschlafen...
- ⋆ Vermischung der astralen und der materiellen Welt.

  - ⋆ Das kann sich so äußern, dass Du in der astralen Welt Dinge erlebst, die eigentlich in die materielle gehören und umgekehrt. Dieser Fall tritt meistens dann auf, wenn jemand beginnt, sich etwas »vorzuspinnen«. Das dürfte nicht auftreten, wenn Du Dich an die Anweisungen dieses Buches hältst.
  - ⋆ Eine weitere Möglichkeit besteht darin, dass Du plötzlich Besuch aus astralen Welten bekommst. Dies verhinderst Du dadurch, dass Du Deine Übungen so machst, wie hier beschrieben und darauf achtest, keine Türen offenzulassen. Passiert es Dir trotzdem einmal, dann banne sofort. Das Pentagramm-Ritual ist die beste Methode für Tattwa-Arbeiten, hilft aber auch sonst meistens. Versuche gar nicht erst, mit dem Wesen Kontakt aufzunehmen. Wer sich einfach so bei Dir einnistet, hält sich nicht an Deine Spielregeln. Wie willst Du mit jemandem zusammenarbeiten, der ungefragt Dinge in Deiner Wohnung tut. Prüfe aber, ob Du nicht selbst dafür verantwortlich bist. Offene Türen gelten in manchen Ebenen als Einladungskarte. Es wäre nicht höflich, die Wesenheit daraufhin einfach so zu bannen.

- ⋆ Übe die Bannungsrituale, bis Du sie im Schlaf beherrschst. Es kann schon einmal vorkommen, dass ein Wesen von der Feuer-Ebene nachts beginnt, in Deiner Wohnung zu zündeln. Da dürfte es sehr unangemessen sein, erst einmal die Rituale auswendig zu lernen.
- ⋆ Gefahr der Ego-Inflation. Das bedeutet, dass Du Dich selbst oder die Wesenheit, die Du in einer der Astralwelten kennenlerntest, für das Größte hältst. Du verlierst jeden Maßstab und wirst entweder größenwahnsinnig oder folgst blind etwas anderem.
  - ⋆ Das kann nur dann passieren, wenn Du Dich an die Grundregeln des letzten Kapitels nicht gehalten hast.

    - ⋆ Abhilfe schaffen: das Durchlesen der Grundregeln, sowie Erlernen rationaler Denkweise. Bücher wie »Rationale Argumentation«, »Techniken der Bewusstseinserweiterung« sind eine gute Unterstützung. Weiter suche Dir Menschen in Deiner Umgebung, die Dich genau beobachten. Sie sollen Dir sagen, wenn bei Dir »etwas nicht stimmt«. Diese Menschen sollten sich selbst mit Astralarbeiten auskennen, um im schlimmsten Falle für Dich Bannungen oder ähnliches durchführen zu können. So mancher konnte sich selbst kaum mehr realistisch einschätzen, verlor die Kontrolle über sein Denken. Manche nennen das Besessenheit, ich ziehe »Unbewusstheit« vor, denn das kann nur passieren, wenn Du Dich nicht an die Regeln des Astralreisens hältst.

- ⋆ Traumwelten: Du überprüfst Deine Ergebnisse immer weniger und hältst all das, was Du erlebtest, für wahr.
    - ⋆ Ein häufiges Problem bei Anfängern, wenn sie Angst vor Enttäuschungen haben. Prüfe, ob das bei Dir der Fall ist. Überlege Dir, was Dir wichtiger ist: Erfolge oder Einbildung? Halte Dich an Deine Regeln. Der Torsten, von dem ich Dir erzählte, gehörte zu den Leuten, denen ihre Einbildung wichtiger war als jede Tatsache. Er reiste durch die tollsten Ebenen, hatte die aufregendsten Abenteuer, aber alle nur in seiner Phantasie. Abhilfe schaffst Du nur durch Überprüfung. Gehe am Anfang etwas sanfter mit Dir um, aber nicht so sanft, dass Du gar nicht mehr unterscheiden kannst. Gestehe Dir Fehler zu, sie werden im Laufe der Zeit von allein weniger.
    - ⋆ Auch bei fortgeschrittenen Astralreisenden kann das Problem auftauchen. Meist geschieht es so, dass man zu früh aufhört zu überprüfen. Eine zeitlang sind die Ergebnisse korrekt, man lässt das Prüfen und glaubt alles, was man erlebt. Ich kenne eine junge Frau, bei der das dazu führte, dass sie die Fähigkeit des Astralreisens verlor. Sie machte

sich immer mehr vor, bis sie nur noch in Traumwelten lebte. Damit wurde die Zusammenarbeit mit anderen unmöglich. Hier hilft nur ein Neuanfang und genaues Überprüfen.

⋆ Zu schnelle Rückkehr.

  ⋆ Ich hatte diesen Punkt oben schon einmal erwähnt, erwähne ihn aber noch einmal. Es ist sehr wichtig, dass Du das tust, was ich hier aufschreibe. Die körperlichen Folgen für Dich können schwerwiegend sein!

  ⋆ Durch zu schnelles Zurücknehmen des Astralkörpers können im materiellen Körper durch starke Muskelanspannung Zerrungen entstehen und im schlimmsten Fall sogar Knochen brechen. Das genaue Zurücknehmen wird im nächsten Abschnitt »Astralvision und Projektion« beschrieben.

⋆ Unvollständige Rückkehr.

  ⋆ Nimmst Du nur ungenau zurück, besteht die Gefahr, dass Teile Deines Astralkörpers auf anderen Ebenen zurückbleiben. Das hat Auswirkungen auf der materiellen Ebene.

  ⋆ Teilweiser Verlust der Wahrnehmungsfähigkeiten kann sogar zu echten psychischen Problemen führen!

3.2 Astralvision und Projektion

3.2.1 Astralvision

Nun geht's aber los. Wir beginnen damit, Dich auf die Astralprojektion vorzubereiten. Dafür machst Du 2 bis 4 Wochen lang die nächsten drei Übungen:

Übung 1:

* Begib Dich in Deine Meditationsstellung.
* Unter Dir liegt eine weiche Decke, nicht zu weich, das stört sonst.
* Schließe Deine Augen.
* Atme tief und gleichmäßig in Deinen Bauch. Achte nur darauf, wie sich Deine Bauchdecke hebt und senkt.
* Nun fühle Deinen rechten großen Zeh, benenne ihn dabei *»rechter großer Zeh«*. Dann Deinen rechten mittleren Zeh, benenne ihn ebenfalls, dann den nächsten Zeh usw. Als nächstes kommt die Wade, das Knie, der Oberschenkel. Das gleiche tue mit dem linken Bein. Dann fühle Deine Hüftknochen, die Genitalien, das gesamte Becken, Deinen Unterleib, Deinen unteren Rücken, Deine Brust, Deinen oberen Rücken, Deine Schultern, Deinen Nacken, rechte Hand mit jedem einzelnen Finger, Unterarm, Oberarm, linke Hand mit jedem Finger. Dann den Hals, dann den Kopf mit allen Einzelteilen wie Kinn, Ober- und Unterlippe, Ohren, Nase usw.
* Wiederhole dies 6 x pro Übung.
* Das Zurücknehmen, welches ich im vorherigen Abschnitt schon erwähnt hatte, geht wie folgt:
    * *Bleibe ruhig liegen und fühle tief in Deinen Körper hinein. Fühle Deinen gesamten Körper.*

- *Dann fühle noch einmal in Deinen Unterleib. Spüre Deinen Beckenboden.*
- *Atme tief und gleichmäßig in den Unterleib.*
- *Spüre von dort hinunter in die Beine.*
- *Fühle Deine Beine und auch Deine Füße genau.*
- *Dann fühle in Deine Arme und Hände.*
- *Nun halte die Luft an.*
- *Spanne den ganzen Körper kurz und kräftig an.*
- *Öffne Deine Augen.*
- *Bleibe noch einen Moment lang so und sieh Dich um.*
- *Dann stehe langsam und vorsichtig auf.*
- *Mache ein paar Bewegungsübungen und/oder Kniebeugen.*
- *Fertig.*

Das »**Zurücknehmen**« musst Du auf jeden Fall nach jeder Meditation durchführen! Ich erwähne den Vorgang in der Folge nicht noch einmal, präge ihn Dir gut ein und übe ihn gründlich. Du machst ihn jedesmal, auch nach dem Vorgang, den ich später »**Zurückgehen**« genannt habe. Vergiss ihn nie, dann wirst Du auch keine Probleme bekommen. Notfalls wiederhole ihn noch einmal, wenn Du Dir nicht ganz sicher bist.

Vergiss das Zurücknehmen nie!
Sei lieber übergründlich!

Übungs-Erweiterung

- Nach einer Woche beginne, zwischen Knochen und Muskeln zu unterscheiden. Benenne auch Deine inneren Organe und fühle sie dabei. Ein Biologiebuch hilft Dir, sie zu finden.
- Diese Übung hilft Dir, Deinen Körper genauer zu fühlen und versetzt Dich in eine tiefe Entspannung, außerdem schulst Du Deine Konzentration.

* Die letzte Woche nennst Du nur noch die Gliedmaßen und großen Körperteile.

Übung 2:

* Begib Dich in Deine Meditationsstellung.
* Vor Dir steht ein Kerzenleuchter mit angezündeter Kerze.
* Der Raum ist abgedunkelt.
* Schließe Deine Augen.
* Atme tief und gleichmäßig in Deinen Bauch, achte nur auf die Bauchdecke.
* Dann öffne die Augen wieder.
* Die Augenlider sind leicht gesenkt.
* Blicke ganz entspannt auf die Kerze. Sie muss scharf bleiben, darf nicht verschwimmen, doppelt werden oder ähnliches.
* Blinzele nicht. Falls Deine Augen tränen, lass sie tränen, das gibt sich wieder.
* Bleibe locker, verspanne Dich nicht.
* Halte den Blick auf die Kerze bis zu einer halben Stunde.
* Dann schließe wieder Deine Augen und nimm zurück.
* Mit dieser Übung schulst Du das astrale Sehen.

Übung 3:

* Diese Übung heißt das »Schutzei«. Es wird Deinen Astralkörper stärken und Dich vor astralen Angriffen schützen.
* Begib Dich in Deine Meditationsstellung.
* Schließe Deine Augen.
* Atme tief und gleichmäßig ca. 10 Minuten in Deinen Bauch. Achte nur auf das Heben und Senken der Bauchdecke.
* Nun stelle Dir vor, Du sitzt in einem nachthimmelblauen Ei, darauf funkeln viele tausend Sterne.

* Jetzt musst Du intelligent vorgehen. Es kann sein, dass Du das Ei nicht auf einmal aufbauen kannst. Es kann helfen, es von unten nach oben hin aufzubauen oder von hinten oder von oben, probiere selbst.
* Stelle Dir vor, wie Du das Ei in Flammen setzt. Lass es von unten hell auflodern, die Flammen umschließen letztlich das ganze Ei. Du kannst das tun, indem Du einfach mit einer Explosion beginnst, oder Dir vorstellst, wie Du es mit Streichholz oder Bunsenbrenner anzündest. Die Flammen verbrennen das Ei nicht, sondern machen es stärker und fester.
* Fühle es von innen. Stell Dir vor, wie Du es mit den Händen berührst und seine Festigkeit fühlst. Wenn Du meinst, es ist noch zu dünn, wiederhole das Abflammen.
* Mache dies bis zu 20 Minuten. Führe diese Übung täglich mindestens einmal durch, auch später während Deiner Astralarbeit. Sie kann auch ein guter Schutz sein, wenn Du Dich angegriffen fühlst.

Übe das Pentagramm-Ritual, das Rosenkreuzritual und die Übung der Mittleren Säule, wie sie z.B. in dem Buch »Magische Rituale« von Sigrid Kersken (erschienen im gleichen Verlag) beschrieben werden. Beginne erst mit der Astralvision, wenn Du diese Rituale beherrschst.

Jetzt aber zur Astralvision!

Was Du auf jeden Fall vor Beginn der Arbeit können solltest, sind:

* Die Annahme der Gottform des Horus und des Harpokrates. Auch dieses wird in »Magische Rituale« genau erläutert.
* Das Ei, wie es hier aufgeführt wurde.
* Das kleine bannende und anrufende Pentagrammritual.
* Die hier aufgeführten Meditationen.
* Grundkenntnisse der Kabbala.

3.2.1.1 Tattwas Sehen

Wie Du ein Tattwa anfertigst, weißt Du ja schon. Nun sollst Du noch lernen, wie es für diese Arbeit vervollständigt wird:

- ⋆ Jedem Tattwa ist ein bestimmter Gottes- und Engelsname zugeordnet. Diese Namen symbolisieren die Herrschaft in diesem Tattwa, auf dieser Ebene, sie sind hervorragende Schutznamen. Die Tabelle der Engelsnamen findest auf Seite 65.
- ⋆ Vergleiche die Tabelle der Gottes- und Engelsnamen und trage sie auf der Rückseite Deiner Tattwas in hebräisch ein.

Ein Tattwa kann erst bereist werden, wenn es auf der Rückseite mit den entsprechenden Namen der Erzengel und Engel versehen wurde und Du diese Namen auswendig kannst.

Und jetzt geht es los. Wir beginnen alle Übungen mit dem Erd-Tattwa. Diese Ebene ist unserer Welt noch am ähnlichsten, deshalb eignet sie sich gut:

Erste Übung:

- ⋆ Begib Dich in Deine Meditationsstellung.
- ⋆ Vor Dir befindet sich in Augenhöhe ein weißes DIN A4-Blatt, in der rechten Hand hältst Du Dein Tattwa vor das Blatt Papier.
- ⋆ Schließe Deine Augen und atme tief und ruhig in den Bauch.
- ⋆ Wenn Du schon Mantram-Meditation machst, dann tue dies für ca. 10 Minuten, bis Du ganz ruhig bist.
- ⋆ Nun öffne Deine Augen und sieh das Tattwa sehr genau, wie Du es in der Kerzenmeditation gelernt hast, an.
- ⋆ Tue dies ca. 20 Sekunden.
- ⋆ Dann ziehe das Tattwa weg.
- ⋆ Nun solltest Du das Tattwa in seiner Komplementärfarbe, also Violett oder Lavendelblau sehen.

- ⋆ Wiederhole dies solange, bis Du das Tattwa auch in Komplementärfarbe 20 Sekunden lang sehen kannst.
- ⋆ Dann wiederhole die Übung und schließe zum Schluss Deine Augen.
- ⋆ Du sollst mit geschlossenen Augen das Tattwa in Komplementärfarbe sehen können!
- ⋆ Wenn Du es sehen kannst, vergrößere es so, dass Du hindurchgehen könntest, es sollte also die Größe einer Zimmertür haben.
- ⋆ Jetzt hast Du eine Tür zu der entsprechenden Tattwa-Ebene!
- ⋆ Nimm nach der Übung zurück.
- ⋆ Mache diese Übung erst nur mit einem Tattwa, später nach und nach mit allen.

Jetzt hast Du Deine Tür, nun lernst Du, durch diese Tür hindurchzusehen. Es wird schon spannend: Was kannst Du wohl alles so durch die Tür zur Erd-Ebene sehen?

Übung 2:

- ⋆ Zu Beginn Deiner Vision reinige Deinen Raum von allen unerwünschten Schwingungen mit dem kleinen bannenden Pentagramm - Ritual.
- ⋆ Setze Dich nun mit Blickrichtung in die Himmelsrichtung, die dem Element zugeordnet ist, in Deine Meditationsstellung.
- ⋆ Stell Dein Tattwa so vor Dich hin, dass Du es mit leicht gesenktem Blick gut betrachten kannst. Betrachte es wie bei einer Kerzen-Meditation mit lockerem, entspanntem Blick, ohne zu zwinkern. Betrachte das Symbol so lange, bis Du es auch mit geschlossenen Augen klar wahrnehmen kannst.
- ⋆ Ziehe in Deiner Vorstellung ein anrufendes Pentagramm des entsprechenden Elementes auf das Tattwa. Nun vibriere die Gottes- und Engelsnamen der dem Symbol entsprechenden Ebene. Das machst Du so:

- ⋆ Das Pentagramm ziehst Du ganz normal, nur dass Du es jetzt direkt auf das Tattwa setzt.
- ⋆ Die Gottes- und Engelsnamen stehen in Deutsch in der Tabelle auf Seite 65. Du vibrierst, indem Du sie erst vor Dir imaginierst, dann einatmest, eine Weile in Deiner Lunge kreisen lässt und dann mit tiefem, aus dem Bauch kommenden Ton aussprichst. Am besten übst Du das vorher ein paarmal laut, damit Du es Dir gut vorstellen kannst.
- ⋆ Du fühlst, riechst, schmeckst und hörst nur noch Dinge, die zu dieser Ebene passen. Vibriere noch einmal die Gottes - und Engelsnamen und versuche dabei, auf dem Symbol eine Szene oder Landschaft zu erkennen.

Wenn Du etwas wahrnimmst, was nicht zur Ebene passt, lief etwas falsch. Banne und beginne von vorne!

Die erste Wahrnehmung wird nur vage und verschwommen sein. Mach Dir nichts draus. Zu diesem Zeitpunkt bringt es Dir nichts, an Deiner Wahrnehmung zu zweifeln. Es ist im Endeffekt egal, ob das Bild nur eine Einbildung, ein erinnertes Bild oder eine Imagination darstellt. Versuche in keiner Art und Weise zu prüfen oder zu testen.

Im Gegenteil: Erscheint kein Bild, schaffe Dir selbst eins. Bei der Arbeit mit der Erd-Ebene beispielsweise eine hügelige Weidelandschaft. Lies Dir noch einmal das Kapitel über Tattwas durch, damit Du eine Vorstellung davon hast, was Du sehen sollst.

- ⋆ Erst wenn das Bild so klar und leuchtend geworden ist, dass Du nicht mehr ständig an seinem Vorhandensein zweifelst, beginne mit Tests und Überprüfungen. Das Bild richtig klar und leuchtend zu sehen, ist eine Frage der Zeit und Erfahrung.
- ⋆ Hast Du eine klare Vision vor Dir, beginne unbedingt mit den Überprüfungen. Du kannst noch einmal die entsprechenden Namen vibrieren oder noch einmal das passende Pentagramm ziehen.

- ⋆ Das Bild wird dann entweder klarer, wenn die Ebenen übereinstimmen, oder es beginnt zu flackern und sich zu verändern, wenn Unstimmigkeiten bestehen. In diesem Fall fahre mit Testen und Beobachten fort, bis die Vision eindeutig ist.
- ⋆ Willst Du die Vision beenden, ziehe zunächst das bannende Pentagramm vor dem Symbol, bis das Bild verschwunden ist. Dann nimm zurück.
- ⋆ Dann erhebe Dich und führe sehr genau das bannende, kleine Pentagramm-Ritual durch. Widme dem Bannen Deine ganze Aufmerksamkeit und vollführe es genauso kräftig wie die Anrufungen. Unterläuft Dir dabei irgendein Fehler, wiederhole die Bannung.

Bei Fehlern immer Bannen!

Im Kapitel über Astralprojektion ist ein Ablauf beschrieben, welcher das große, spezielle Pentagrammritual impliziert. Diesen kannst Du auch für die Astralvision verwenden, wenn Du den eben geschilderten Ablauf beherrschst. Die dort geschilderte Vorgehensweise ist noch kraftvoller.

Das große Pentagrammritual macht die Wirkungen noch stärker!

Führe diese Übung mit allen Tattwas durch. Beobachte, welche Unterschiede Du in den Ebenen sehen kannst. Führe gründlichst Tagebuch und vergleiche regelmäßig. Das sind Deine Landkarten für spätere Reisen mit dem Projektionskörper. Vernachlässigst Du diese Arbeit, hörst Du auf, bevor Du grundlegende Kenntnisse über die Ebenen gesammelt hast, besteht die Gefahr, dass Du Dich später »verläufst«.

3.2.1.2 Siegel und Tarotkarten sehen

Das Sehen von Siegeln funktioniert im Grunde genommen genauso, wie das der Tattwas. Wichtig ist, dass Du beide Übungen, also die des Nur-Sehens und die des Sehens von Landschaften und Bildern machst. Leider gibt es hierfür keine direkt passenden Rituale, die Dir als Schutz vorher und hinterher dienen. Deshalb empfehle ich Dir, erst mit der Siegel-Arbeit zu beginnen, wenn Du schon Erfahrungen mit Tattwas gesammelt hast.

Das bannende Pentagramm-Ritual und die Ei-Meditation werden Dir ausreichend Schutz bieten, wenn Du alles richtig machst. Willst Du aber direkt mit einer Wesenheit arbeiten, dann besorge Dir aus der Literatur entsprechende Informationen über sie.

3.2.2 Astralprojektion

Nachdem Du nun erfolgreich einige Visionen gesehen hast, kannst Du mit der Projektion beginnen. Du benötigst hierfür wiederum Deine Tattwas, doch jetzt benutzt Du sie anders: nicht mehr als Bildschirm, sondern als Tür.

3.2.2.1 Projektionskörper lösen

⋆ Setze Dich in Dein Asana.

⋆ Schließe Deine Augen und mache eine Mantram-Meditation oder Körper-Meditation, bis Du Dich beruhigt und entspannt hast.

⋆ Dann steh einfach mit Deinem Projektionskörper auf. Wenn Du zum Beispiel im Drachensitz sitzt, beuge Dich nach vorn, stütz Dich mit Deinen Händen auf, ziehe ein Bein nach vorn und den Hintern hoch, so dass Du Dich in der Starterposition befindest und steh dann auf.

Tue alles ganz bewusst.

Du denkst zuerst vielleicht, dass das doch alles eine Täuschung oder sonstwas ist. Stör Dich nicht daran. Stell Dir vor, Du setzt Dich wieder hin und wiederhole das Ganze noch einmal.

Die Vorstellung wird mit der Zeit immer realer. Und bald machst Du Erfahrungen, die Dir beweisen, dass Du Dir die Sache nicht eingebildet haben kannst.

Wenn Du in Deiner Vorstellung aufgestanden bist, versuche zu fühlen, wie Du stehst. Ich habe am Anfang z. B. in meinem Astralkörper Kniebeugen gemacht, um ein Gefühl für ihn zu bekommen. Guck im Raum herum. Wenn Du nichts siehst, stell Dir vor, wo einzelne Gegenstände stehen. Betrachte sie in allen Einzelheiten.

Am Anfang wirst Du in Deinem Astralkörper nicht sehr viel erkennen können. Deine Sinne funktionieren noch nicht richtig. Du wirst aber, wenn Du nicht zuviel zweifelst, recht schnell ein Gefühl dafür entwickeln, ob Du in Deinem Astralkörper bist oder nicht. Am Anfang ist dieses Gefühl das ausschlaggebende Kriterium, auf das Du Dich eher als auf Deine anderen Sinne verlassen kannst.

⋆ Um in Deinen physischen Körper zurückzugelangen, setzt Du Dich mit Deinem Astralkörper wieder in ihn hinein. Verbinde die beiden Körper miteinander, indem Du die Körper-Meditation wiederholst. Vibriere danach dreimal den Namen »Harpokrates« und nimm zurück.

Dieser Schritt ist der wichtigste. Wenn Du das nicht machst, und einfach aufstehst, weil das Telefon klingelt, kann es passieren, dass Du so einen Teil Deines Astralkörpers verlierst. Er bleibt dann irgendwo draussen hängen. Am Anfang kann dabei nicht so viel passieren, doch lerne es lieber gleich richtig.

Später besteht noch die Gefahr eines Schocks, falls Du von einem fernen Ort blitzartig zurückkehrst. Davon kann man richtig blaue Flecken bekommen.

Übrigens: Das mit dem Telefon sollte Dir lieber nicht passieren. Mache Deine Übungen an einem Ort, an dem Du nicht gestört wirst.

3.2.2.2 Ein ritueller Ablauf zum Besuchen der Erd-Ebene

Die Ebene hinter dem Erd-Tattwa eignet sich besonders gut für erste Experimente.

Wenn was schiefgeht, wird es nicht ganz so schlimm. Gnome, die Elementale der Erd-Ebene, machen schlimmstenfalls Schabernack und Späßchen oder kosten einen die Nachtruhe.

Dieser rituelle Ablauf hat auch den Nutzen, den Alltag ganz von der Tattwa Ebene zu trennen.

Lasse es nicht zu, dass sich Tagträume unkontrolliert in Tattwa-Visionen einschleichen.

Der folgende, rituelle Ablauf erleichtert den Zugang zu der Ebene. Man kann sich vorstellen, dass das Bewusstsein wie ein Radio auf die Wahrnehmung der Ebene eingestellt wird.

Die Ausführung, sowie die Wahrnehmungen auf der Tattwa-Ebene erfordern etwas Konzentration.

Führe die Übungen nie aus, wenn Du erschöpft bist.

⋆ Führe die abschließenden Bannungen möglichst noch enthusiastischer als die Anrufungen aus.

⋆ Mache alles ganz korrekt.

⋆ Wenn was schief geht, fang von vorne an.

Nun zum Ablauf. Punkt a) gilt nur für die Tattwa-Vision, Punkt b) nur für die Tattwa-Projektion:

⋆ Sage: »Tu was Du willst, sei das ganze Gesetz«. Wenn Du willst, kannst Du hier auch noch eine Reinigung mit Feuer (Weihrauch) und Wasser (von Dir geweihtes Wasser) anschließen.

⋆ Mache das kleine Pentagrammritual (PTR) bannend.

⋆ Zelebriere das große, anrufende Erd-PTR, welches so gestaltet wurde, dass es das Element, welches Du bereisen möchtest, anruft. Du findest Hinweise in »Die geheimen Unterweisungen und Rituale des Hermetischen Ordens der Goldenen Dämmerung Bd. 1« oder in »Magische Rituale«. In dem Buch »Erste Hilfe bei Magischen Unfällen« findest Du als Beispiel das große, bannende PTR des Feuers.

- ⋆ Setze Dich nach Norden ins Asana. Diese Himmelsrichtung ist dem Element Erde zugeordnet. Sieh locker und entspannt auf das vor Dir in Brusthöhe angebrachte Tattwa. Stimme Dich auf das Element ein. Lasse Dich auf Gedanken ein, die in irgendeiner Form etwas mit dem Element zu tun haben.

a) Vision

- ⋆ Sei unkritisch, es spielt zuerst keine Rolle, ob es sich um Einbildung handelt oder nicht. Am Anfang wirkt alles etwas gestellt, das gibt sich im Laufe der Arbeit.
- ⋆ Betrachte das Tattwa weiter, stimme Dich auf das Element ein, bis Du eine Landschaft siehst.
- ⋆ Das kannst Du beschleunigen, wenn Du ab und zu die entsprechenden Engels- und Gottesnamen vibrierst.
- ⋆ Mache Dir dabei keine Gedanken darüber, ob es sich um Einbildung handelt oder nicht. Erst, wenn die Vision klar wie die Wahrnehmung der materiellen Ebene wurde, teste die Wahrnehmung.
- ⋆ Nach Beendigung der Tattwa-Vision ziehe ein bannendes Pentagramm vor das Tattwa, bis die Vision verschwindet.

b) Projektion

- ⋆ Schließe die Augen.
- ⋆ Stehe mit Deinem Astralkörper auf. Bei der Astral-Projektion heißt das, dass Du es Dir vorstellst, so als wenn Du Dir vorstellen würdest, dass Du Auto fährst.

- ⋆ Das, was Du zuerst für Einbildung halten magst, bekommt, je mehr Du in der Vision agierst, immer mehr Eigenleben. Je mehr Du in Deiner Vorstellung im Astralkörper handelst, um so realer wird Deine Wahrnehmung. Mit der Zeit bekommst Du ein Gespür dafür, wo die Einbildung aufhört und die Astral-Realität anfängt. Je realer Dir die Astral-Ebene erscheint, um so rigoroser kannst Du die Überprüfungsmethoden anwenden.
- ⋆ Imaginiere das Erd-Tattwa vor Dir oder an der Nordwand des Zimmers so groß, dass Du bequem hindurchpasst. Du kannst die Imagination der Tür soweit verstärken, bis Du schon eine Landschaft auf der anderen Seite wie durch einen Schleier erkennen kannst. Wenn Du die Gottform Horus in Richtung Tür anwendest, und Dir dabei vorstellst, dass Du die Tür mit Energie lädst, verstärkt sich die imaginierte Tür.
- ⋆ Wenn Du vorher lange genug auf das Tattwa gestarrt hast, siehst Du das Tattwa aufgrund einer normalen biologischen Anpassungsreaktion der Sehzellen sowieso in Komplementärfarbe vor Dir, wenn Du die Augen danach schließt.
- ⋆ Stell Dich nun direkt vor die Tattwa-Tür und imaginiere sie so groß, dass Du bequem hindurch passt. Betritt die Ebene nun mit dem Zeichen des Horus.
- ⋆ Das heißt, Du schießt Dich mit diesem Zeichen selber durch die Tür. Und zwar genau im Augenblick des stoßweisen Ausatmens, während Du mit den Armen nach vorne auf das Tattwa zielst.
- ⋆ Nach dem Ankommen gebe das Zeichen des Harpokrates. So bist Du gleich erst mal in Sicherheit auf der anderen Ebene.
- ⋆ Nach dem Ankommen drehe Dich um und gucke hinter Dich. Siehst Du dort die Tür? Sollte die Tür immer noch vor anstatt hinter Dir stehen, wiederhole den Vorgang noch einmal. Es ist wichtig, dass Du die Tür nach dem Betreten der Ebene tatsächlich hinter Dir wahrnimmst.

- Dann blicke Dich ersteinmal um. Versuche, etwas zu erkennen. Am Anfang wirst Du höchstwahrscheinlich alles wie ein blasses Stilleben wahrnehmen. Auf der Erd-Ebene siehst Du vielleicht ein paar Hügel, Felsen oder einen kleinen Wald in einem Gebirgstal. Wichtig ist, dass Du ein starkes Gefühl empfindest, innerhalb des Elementes zu sein.
- Wenn nicht, knie nieder und berühre mit den Händen den Boden. Wie fühlt er sich an? Wenn Du erstmal eine Wahrnehmung gemacht hast, kommt alles andere wie von alleine. Hab Geduld. Jeder findet über einen anderen seiner 5 Sinne Zugang zum Wahrnehmen der Ebene.
- Bevor Du irgendetwas anderes unternimmst, vibriere die dem Element zugehörigen Namen. Im Falle der Erd-Ebene also zuerst den göttlichen Namen Adonai ha-Aretz drei - oder viermal, dann den Namen des Erzengels, Auriel, dann den des Engels Phorlakh. Du wirst feststellen, dass Deine Wahrnehmung besser wird. Die Umgebung wird lebendiger und dynamischer.
- Vibrieren heißt, dass Du die Worte langsam so sagst, dass in Deiner Vorstellung davon das ganze Universum erzittert. Es kommt auf das Spüren der Vibration, des Klanges an. So, wie eine Stimmgabel mitschwingt, wenn man die richtige Note auf dem Klavier spielt, so schwingst Du Dich auf die besuchte Ebene ein.
- Wie sich vibrieren anhören soll? Stelle Dir einfach einen Zauberer wie im Fantasy-Film vor, der auf dem Berg steht und die wilden Beschwörungen macht. Es klingt tief, eindringlich, bohrend, so dass alles mitschwingt.
- Die ersten Male belasse es bei den ersten Wahrnehmungsübungen.

Bevor die großen Abenteuer beginnen, solltest Du Dir einige Erfahrungen im Betreten und Verlassen der Ebene aneignen.

Abb. 4: Das Zeichen des Horus

Und plötzlich steht da jemand vor Dir. Eine Begegnung der dritten Art. Ein Astralwesen. Und nun?

Am besten, Du begegnest jemandem, der Dich mit der Ebene vertraut machen kann. Oft klappt es, wenn man so einen Führer einfach herbeiruft und sich mit ihm anfreundet. Dann kannst Du Dir von ihm alles zeigen und erklären lassen.

Es ist sicherer, mit einem Wesen, das sich auskennt, die Ebene zu erkunden. Vorausgesetzt, Du hast das Wesen zuvor getestet.

Frage dafür das Wesen nach seinem Namen und achte auf sein äußeres Erscheinungsbild. Passt der Name oder der Zahlwert des Namens zu der Ebene? Passen sein Auftreten, seine Kleidung dazu? Was passiert, wenn Du die der Ebene zugeordneten Gottes- und Engelsnamen vibrierst? Verstärkt dies die Wahrnehmung des Wesens? Vergleiche bitte das letzte Kapitel mit diesen Fragen! Dort stehen genaue Anweisungen zur Überprüfung und Kontrolle.

Frage ihn auch, wie Du ihn das nächste Mal wirkungsvoll rufen kannst.

Abb. 5: Das Zeichen des Harpokrat

Sei möglichst freundlich zu allen Wesen, die Dir begegnen. Verteidige Dich nur mit den bereits gelernten Schutzmaßnahmen, wenn es unbedingt sein muss.

Nicht nur, weil es sich herumsprechen könnte, dass dort ein Wahnsinniger herumläuft, der auf alles schießt, was sich regt und die Ebene terrorisiert. Denke an Torsten...

Gehe den gleichen Weg, den Du gekommen bist, auch wieder zurück.

- ⋆ Verabschiede und bedanke Dich. Du verlässt die Ebene, indem Du Dich Deiner Tür zuwendest und sie mit dem Zeichen des Horus durchschreitest.
- ⋆ Mache das Zeichen des Horus auf die Tür mit der Vorstellung, dass Du alle Energie, die Du für die Operation gebraucht hast, wieder in Dich aufnimmst. Die Tür sollte dabei verschwinden oder schwächer werden.
- ⋆ Löse die Tattwa-Tür in Deiner Vorstellung ganz auf. Stelle Dir vor, Du nimmst alle Energie wieder in Dir auf.

⋆ Kehre in Deinen Körper zurück. Mache das Zeichen des Harpokrates. Überprüfe, ob Du noch alle Körperteile spürst. Nimm sehr gründlich und genau zurück. Wenn nötig, wiederhole das Zurücknehmen.

Ab hier gilt der Ablauf wieder für Tattwavision und Projektion zusammen.

⋆ Mache das große bannende Pentagrammritual der Erde.

⋆ Mache das kleine bannende PTR.

⋆ (Reinige mit Feuer und Wasser) Sage: »Liebe ist das Gesetz, Liebe unter Willen.«

Du kannst die Rituale, nachdem Du sie einige Male materiell ausgeführt hast, im Astralkörper ausführen.

Während der Durchführung des Rituals wird die Wahrnehmung zusehends besser. Du kannst dabei Deinen Astralkörper sozusagen »warm-machen«.

Du konzentrierst Dich so auf die richtige Ausführung des Rituals, dass die Zweifel dabei langsam verschwinden und es immer besser geht.

Wenn die gezogenen PTR's irgendwie schief oder unförmig werden, führe sie dennoch zuende. Dann beende Deine Astralarbeit, stehe auf und banne materiell sehr gründlich.

3.2.2.3 Astralprojektionen auf Tattwa-Ebenen

Nun geht es darum, Deine ersten astralen Erfahrungen zu verbessern. Mache Dir am besten einen Zeitplan und »arbeite« alle Tattwa-Ebenen einmal durch.

⋆ Beginne mit der Erd-Ebene. Du kannst alles so machen, wie oben beschrieben.

⋆ Führe genauestens Aufzeichnungen.

- ⋆ Dann gehe zur Luft-Ebene über. Tue alles so, wie vorher beschrieben, aber mit dem Luft-Tattwa, den Luft-Gottes-Namen und den Luft-Pentagrammen.
- ⋆ Zeichne wieder sorgfältigst auf und arbeite die Unterschiede zur Erd-Ebene heraus. Wie leben die Luft-Wesenheiten? Was können sie, was die Gnome nicht können? Wobei können sie Dir behilflich sein? Welche Geheimnisse können sie Dir zeigen?
- ⋆ Tue dasselbe mit den beiden Elementen Feuer und Wasser. Die Geist-Ebene lasse vorerst aus – sie ist für Anfänger nicht geeignet!
- ⋆ Vergleiche wieder gründlich.

Sammle gründlich Informationen!

Erst, wenn Du dies getan hast und über alle Ebenen genügend Informationen gesammelt hast, gehe zu den kombinierten Tattwas über. Dies ist wichtig, weil:

- ⋆ Die Ebenen, die Du besuchst, sind Verbindungen der reinen Tattwa-Ebenen. Du kannst dort sehr seltsame und ungewöhnliche Wesenheiten kennenlernen. Du musst entscheiden können, ob Deine Wahrnehmungen korrekt sind. Das kannst Du nur, wenn Du genügend Erfahrung mit den einfachen Ebenen gesammelt hast.

Element	Gottesname	Himmelsrichtung	Erzengel	Engel
Feuer	YHVH Tzabaoth יהוה צבאות	Süd	Michael מיכאל	Aral אראל
Wasser	Elohim Tzabaoth אלהים צבאות	West	Gabriel גבריאל	Taliahad טלִהד
Luft	Shaddai El Chai שדי אל חי	Ost	Raphael רפאל	Chassan חסן
Erde	Adonai ha-Aretz אדני הארץ	Nord	Auriel אוריאל	Phorlak פורלאך

Die Namen der Erzengel werden übrigens auch beim kleinen Pentagramm-Ritual vibriert!

3.2.2.4 Andere Astralprojektionen

Wie Du weißt, kannst Du Dich in alle anderen Siegel projizieren, jedes Symbol als Tür benutzen. Grundsätzlich geht das genauso wie mit den Tattwas, nur dass Dir keine Gottes- und Engelsnamen, sowie Rituale zur Verfügung stehen.

Du musst sehr genau und gründlich sein, Deine gesamte Arbeit vorbereiten. Führe Deine Aufzeichnungen noch gründlicher, wenn möglich. Beginne diese Arbeiten erst, wenn Du Dir Deiner Tattwa-Erfahrungen ganz sicher bist.

3.3 Das Reisen mit dem Ätherkörper

Eigentlich müsste ich als Überschrift auf dieses Kapitel setzen:

Betreten und Benutzen nur auf eigene Gefahr!

Da dieses Buch an verantwortungsvolle Leser gerichtet ist, will ich Dich auf ein paar Dinge hinweisen:

- ⋆ Um mit dem Ätherkörper zu reisen, brauchst Du dringend Erfahrungen mit dem Projektionskörper!
- ⋆ Du solltest einen erfahrenen Meditationsausbilder haben, damit Dir immer ein Wissender mit Rat und Tat zur Seite steht.
- ⋆ Ohne, dass Du Dich wenigstens eine halbe Stunde so konzentrieren kannst, dass Du bei der Meditation bleibst, keine Störungen hast, läuft nichts.

Mache die Übungen aus den nächsten beiden Kapiteln erst dann, wenn Du eine Konzentrationsstufe erlangt hast, in der keine unterbrechenden Störungen mehr auftauchen. Alles andere führt entweder zu Wahnvorstellungen oder tatsächlichen Gefahren!!!

3.3.1 Der Ätherkörperaustritt mit weißem Licht

Das weiße Licht ist ein fast legendäres Phänomen bei Astralaustritten. Fast jeder Astralreisende hat es schon einmal gesehen. Es kann auftauchen, wenn Du Dich so gut konzentrierst, dass die Störungen von Dir nur noch als Licht wahrgenommen werden. Genau genommen ist es tatsächlich eine Störung!

Dein Gehirn wird durch die vermehrte Konzentration so angeregt, dass es Bilder erzeugt. Diese Bilder sind eben helle Lichtmuster oder gar Lichtpunkte. Ich möchte Dir raten, deshalb mit Meditationen dieser Art erst zu beginnen, wenn diese Phänomene von allein auftreten. Tordis van Boysen beschreibt in ihrem Buch »Grundlagen der

Meditation« die Konzentrationsstufen. Lichtphänomene dieser Art fallen unter Ekstasephänomene und treten erst ab einer bestimmten Meditationsstufe regelmäßig und kontrolliert auf.

Für die ganz Unbelehrbaren oder schon Fortgeschrittenen hier die Meditation:

Aussteigen und Überprüfen Du kannst das weiße Licht zum Austreten benutzen, wenn Du meditierst. Das geht so:

- Du machst eine Atem-Meditation. Empfehlenswert ist die Bauchatmung am Anfang, später die Nasen-Meditation. In beiden Fällen meditierst Du nicht auf das Atmen, sondern nur auf die Bewegung. Also bei der Bauchatmung: Du achtest nur auf das Heben und Senken der Bauchdecke. Bei der Nasen-Meditation: Du konzentrierst Dich auf die Berührung der Atemluft an den Nasenrändern.
- Ab einer bestimmten Stufe tauchen Lichtphänomene auf. Du siehst sie direkt vor Dir. Es ist sehr wichtig, dass Du sie wirklich siehst. Sie sich vorzustellen, reicht nicht aus.
- Prüfe einfach, ob sie echt sind, indem Du vorher einmal die Augen schließt und die Faustballen auf die Lider drückst. Du siehst dann Lichtmuster. Sind die Lichtphänomene so gut sehbar, hast Du die gewünschte Konzentration und kannst diese Übung hier durchführen.
- Nach einer Weile wirst Du einen Zug vor den Augen spüren. Gehe dann einfach mit dem Licht mit, wie Du es vom Projektionskörper schon kennst.
- Es können Gefühle von Raumverlust, Ängste wie Überlebensangst auftauchen. Lass Dich nicht beirren, das ist normal und gibt sich.
- Zwinge Dich nicht, bleibe locker und entspannt.
- Wenn Du draußen bist, bewege Dich vorerst nur in dem Zimmer umher. Bleibe in der Nähe Deines Körpers.

- Betaste die Wände, sie müssen sich fast real, vielleicht etwas wattiger, anfühlen.
- Lass Gegenstände zur Überprüfung aufbauen.

Zurückgehen

- Gehe folgendermaßen zurück:
- Stelle Dich im Ätherkörper vor Deinen materiellen Körper.
- Gehe durch den Kopf wieder hinein.
- Fühle Dich langsam aber sicher in Deinen Körper hinein.
- Fühle Deinen Beckenboden.
- Fühle langsam in Deine Beine.
- Nun spüre Deine Hände ganz genau.
- Nimm so gründlich wie nur irgend möglich zurück.
- Sei ganz genau.
- Stehe erst dann auf, wenn Du Dir vollkommen sicher bist.
- Du musst Dich danach frisch, wach, munter fühlen. Bist Du müde, zerschlagen oder ähnliches, wiederhole das Zurücknehmen noch einmal im Liegen.
- Mache ein paar Kniebeugen.

Gehe noch gründlicher als gewohnt zurück! Langsam und bewusst.

Wenn Du soweit bist, dass Du mit dem Ätherkörper austreten kannst, dann berücksichtige folgendes:

- Bleibe immer ganz locker, egal was passiert.
- Überlege Dir vorher ganz genau, was Du »draußen« tun wirst.
- Zwinge Dich niemals, durch das Licht hindurchzugehen. Wenn Du meinst, Du schaffst es nicht, meditiere in Ruhe weiter und warte die nächste Gelegenheit ab.

- ⋆ Male Dir ein paar Verkehrs- oder Hinweisschilder, die Du in Deinem Zimmer aufstellst. Sie sollen Dir als Orientierung dienen.
- ⋆ Halte Dich erst einmal nur in Deinem Zimmer auf, bis Du ganz sicher bist.
- ⋆ Wenn Du in andere Räume gehst, tue dies so bewusst, wie Du in Deinem Zimmer spazierengegangen bist.
- ⋆ Gehe durch Wände nur sehr vorsichtig und ganz aufmerksam.
- ⋆ Besuche andere Ebenen erst, wenn Du Deine Wohnung auch astral in- und auswendig kennst.
- ⋆ Wenn Du zurückgehst: Tue dies niemals zu schnell. Gehe ganz langsam und aufmerksam in Deinen Körper. Fühle sehr gründlich in Deinen materiellen Körper hinein. Nimm sehr genau zurück.
- ⋆ Gehst Du zu schnell zurück, könnte dies zu Schockwirkungen führen. Du vermeidest sie, wenn Du Dich an die Regeln hältst. Passiert es Dir dennoch, nimm sehr, sehr genau zurück. Gerate niemals in Panik, bleibe ruhig und gelassen.

Wenn der Ätherkörperaustritt nicht gleich funktioniert, mach Dir nichts draus. Es kann eine Weile dauern. Mit regelmäßiger Meditation erreichst Du das gewünschte Ziel. Vorerst wirst Du sicher genug Freude an Austritten mit dem Projektionskörper haben.

Noch einmal zur Verdeutlichung:

- ⋆ Projektions- und Ätherkörper unterscheiden sich weniger durch ihre Stärke, als durch die Art des Austrittes.
- ⋆ Spätestens, wenn es Dir gelang, mit dem Ätherkörper auszusteigen, wird der Projektionskörper die gleiche Stärke haben.
- ⋆ Mit dem Projektionskörper steigst Du über die Körpermeditation aus, mit dem Ätherkörper über Licht oder Ekstase.

3.3.2 Der Ätherkörperaustritt durch Ekstase

Diese Form des Austrittes mit dem Ätherkörper hängt sehr stark mit dem des Lichtes zusammen! Auch das Licht, wenn es als Phänomen in der Meditation auftritt, ist ein Kennzeichen für Ekstase!

Das Licht ist ein Kennzeichen für Ekstase!

Was Ekstase ist? Einfach erklärt handelt es sich um Erregungszustände des Gehirns, die Du sehend, hörend, fühlend, manchmal auch riechend oder schmeckend wahrnimmst. Durch gesteigerte Konzentration wird Dein Gehirn in ungewohnte Aktivitätszustände gebracht. Nervenzentren des Gehirns werden angesprochen, mit denen Du normalerweise nicht arbeitest. Dies kann sich in Erschauern, Lichtphänomenen, Orgasmusgefühlen, Schwebegefühlen und tatsächlichen Schwebephänomenen, Glücksgefühlen und Bedürfnislosigkeit äußern.

Die Ekstasephänomene treten gewöhnlich in einer bestimmten Reihenfolge auf. Tordis van Boysen beschrieb dies als »Ekstasestufen« in ihrem Buch »Grundlagen der Meditation«. Das hier erwähnte Licht tritt sehr häufig in der Ekstasestufe 2 und 3 auf. Damit verbunden sind oftmals Gefühle, die dem Orgasmus ähneln, ihn aber an Stärke übertreffen. Mit Hilfe dieser Phänomene kannst Du astral aussteigen. Das machst Du so, indem Du wieder auf die Lichtkugel meditierst und Dich dann regelrecht mit dem Ekstaseschub hochschießen lässt. Das ist aber nur eine Form. Jeder, der Ekstasephänomene hat und den Ätherkörperausstieg kennt, wird seine eigene Form entwickeln. Ich kann Dir deshalb kein Patentrezept vorschlagen. Du musst, wenn Du soweit kamst, selbst herausfinden, wie es am besten funktioniert. Im Zweifelsfalle halte Dich an den Ausstieg über das Licht.

3.3.3 Das Besuchen astraler Welten mit dem Ätherkörper

Du weißt es ja schon, mit dem Ätherkörper steht Dir jede astrale Ebene offen.

Du kannst allerdings frei wählen, wie Du diese Ebenen besuchst. Die Möglichkeiten, dies zu tun, sind:

⋆ Du machst es so, wie es unter Projektionskörper bereits beschrieben wurde. Das heißt, Du gehst mit dem Harpokrates durch das Tattwa oder Siegel.

⋆ Die zweite Möglichkeit besteht darin, Dich einfach von einer Wesenheit dorthin führen zu lassen. Das setzt natürlich voraus, dass Du bereits Kontakt zu einer solchen Wesenheit hast.

⋆ Als dritte Möglichkeit geht noch: Du stellst Dir einfach vor, dass Du auf der gewünschten Ebene landest. Dies funktioniert nur dann, wenn Du die Ebene bereits sehr gut kennst und wiedererkennen kannst. Ansonsten läufst Du Gefahr, Dich zu verlaufen.

⋆ Die astrale Seite unserer materiellen Welt steht Dir in alle Himmelsrichtungen hin offen. Wichtig ist, dass Du schon an dem gewünschten Ort sein kannst, wenn Du nur daran denkst. Allerdings: Das empfiehlt sich nur, wenn Du Dir im Landen dort schon ganz sicher bist. Bauchlandungen mit dem Ätherkörper können unangenehm werden. Ich tue dies, indem ich mir den Raum oder Ort, an dem ich landen will, sehr genau und gründlich vorstelle.

So, nun weißt Du praktisch alles, was Du für das astrale Reisen benötigst. Zum Abschluss gehe ich noch auf die Überprüfung und Kontrolle ein - ein sehr wichtiger Punkt, um Erfolg im astralen Reisen zu haben.

3.3.3.1 Überprüfung und Kontrolle

Grundsätzlich stehen Dir viele Möglichkeiten zur Überprüfung und Kontrolle Deiner astralen Erfahrungen offen. Ich nenne jetzt die wichtigsten, an die Du Dich (am Anfang) halten solltest. Bedenke, dass Du nur durch Überprüfung und Kontrolle erreichen wirst, dass Deine Reisen erfolgreich sind. Alles, was nicht überprüft wird, gilt (am Anfang) als Halluzination. In den Gruppen, in welchen ich das astrale Reisen erlernte, galten Astralreisen erst dann als solche, wenn sie überprüft wurden. So wurde jede Halluzination von vornherein ausgeschaltet.

Überprüfungen dienen dem Erfolg!

Die Überprüfungs- und Kontrollmöglichkeiten sind:

Mit Anderen

- ⋆ Du reist mit einer, besser zwei Personen zusammen. Ihr trefft Euch auf der abgesprochenen Ebene und zeichnet Eure Erlebnisse direkt nach der Reise auf. Bevor die Aufzeichnungen fertig sind, wird kein Wort gesprochen. Dann erst wird verglichen.
- ⋆ Ihr könnt Euch absprechen, dass jeder dem anderen eine bestimmte Handbewegung oder ein Wort übermittelt. Auch dies wird nach der Reise verglichen.
- ⋆ Alles, was Du getan haben sollst, Dich aber nicht daran erinnern kannst, gilt als Halluzination. Alles, was Deine Mitreisenden taten, woran sie sich aber nicht erinnern können, gilt ebenfalls als Halluzination.
- ⋆ Ihr trefft Euch an einem abgesprochenen Punkt und beobachtet ihn sehr genau. Wer sieht was, wer hört was, wer fühlt was, wer riecht was, wer schmeckt was? Alles, was hinterher übereinstimmt, gilt als »echt«, alles andere als Halluzination.

Kabbala

- ⋆ Du wertest, bevor Du eine Ebene besuchst, die Elementen-, Planeten- und Symbolzusammenhänge sehr genau aus.
- ⋆ Dafür ist es notwendig, dass Du kabbalistische Kenntnisse bekommst. Die Kabbala ist ein Symbolsystem, entworfen von den alten Hebräern. In »Praktische Kabbala« von Tordis van Boysen wurde alles für Dich Notwendige beschrieben.
- ⋆ Vergleiche, ob die Ebene, die Du besuchst, mit den Symbolen übereinstimmt. Es kann zum Beispiel folgendes passieren: Du besuchst die Feuer-Ebene und siehst dort kriegerische Gestalten, in rot gekleidet. Du untersuchst anschließend und stellst fest: Krieg = Mars, Gott der Energie, des Feuers, des Krieges - passt. Rot = Farbe des Feuers - passt. Sehr gut, Du warst erfolgreich.
- ⋆ Vermeide das, was als »Humpti-Dumpti-Kabbala« bezeichnet wird. Damit meine ich: Alles passt auf alles, nur eine Frage der Interpretation. Damit wird die Überprüfung zur Willkür. Halte Dich an die Regeln der Kabbala, dann bist Du sicher vor »Selbsttäuschung«. Ich habe schon die dollsten kabbalistischen Interpretationen gehört, die alle nur darauf hinausliefen, sich nicht festlegen zu müssen.
- ⋆ Bemerkst Du, dass das, was Du sahst, nicht eindeutig mit den Symbolen übereinstimmt, dann gehe davon aus: Etwas lief schief. Banne und beginne die Arbeit von vorne. Im Zweifelsfalle hole Dir Hilfe von einem erfahrenen Reisenden.

Gemeinsam/Kabbala

- ⋆ Wenn Du astrale Freunde kennenlernst, wird Dir die Kabbala eine große Hilfe sein.
- ⋆ Die meisten Wesenheiten bedienen sich einer vollkommen anderen Sprache als Du. Du kannst Dich immer mit Hilfe der Kabbala mit ihnen verständigen. Dies ist ein Symbolsystem,

das anscheinend - ich habe zumindest noch nichts anderes erlebt - auf allen Ebenen passend ist.

- ⋆ Prüfe alles, was Dir gesagt oder sonstwie mitgeteilt wird. Prüfe Zahlenangaben, Symbole. Wenn etwas schieflief, dann gehe von folgenden Fehlermöglichkeiten aus:
  1. Du hast etwas missverstanden, erneutes Nachfragen und Wiederholen des Gesagten hilft.
  2. Die Wesenheit schwindelt. Auch Punkt 2 kommt häufiger vor. Manchen Wesenheiten macht es Spaß, mit Dir Schabernack zu treiben. Diese sind für Zusammenarbeit nicht brauchbar. Andere wiederum wollen Deine Gründlichkeit auf die Probe stellen, um selbst herauszufinden, was sie mit Dir anfangen können. Wieder andere schwindeln aus purer Bosheit, auch diese sind unbrauchbar.
- ⋆ Du siehst, Du musst sehr genau und korrekt in Deinen Arbeiten sein. Bedenke immer die Erlebnisse von Torsten, der sich monatelang in Wahnwelten herumtrieb.
- ⋆ Auch mit anderen zusammen kannst Du astrale Freunde befragen. Ihr vergleicht anschließend Eure Ergebnisse, analysiert aber getrennt! Wenn Eure Analysen zu gleichen Schlüssen kommen, lief alles korrekt.

Tagebuch führen

- ⋆ Führe über alles gründlichst Tagebuch.
- ⋆ Beobachte, wie sich Ebenen verändern. Manchmal kann es ganz schleichend vor sich gehen, dass eine Ebene ihr Aussehen verändert. Das kann folgende Ursachen haben:
  1. Du bist versehentlich in eine Traumwelt oder eine andere Ebene gerutscht.
  2. Du hast vorher die Ebene nicht gründlich untersucht und findest nun ihre tatsächliche Beschaffenheit heraus.

Den Unterschied findest Du nur über gründliche Aufzeichnungen heraus.

* Glaube erst einmal gar nichts - das gilt für die ersten Reisen im Projektionskörper nicht. Die ersten Reisen fallen unter »Übungen«. Zu starke Kritik am Anfang kann verhindern, dass Du Vertrauen in Deine Fähigkeit des astralen Reisens bekommst.

Zeichne alles auf!

Alltagsveränderungen

* Überprüfe, wie sich Dein Alltag verändert.
* Geschehen ungewöhnliche Dinge, zum Beispiel platzende Wasserrohre oder ähnliches? Dann hast Du vielleicht eine Tür offengelassen. Überprüfe Dein Tagebuch und kontrolliere, ob Du etwas übersehen hast. Schließe die Türen, nachdem Du die Wesenheiten gebannt hast.
* Fühlst Du Dich matschig, müde, niedergeschlagen? Überprüfe Deine Aufzeichnungen wieder. Hast Du irgendetwas übersehen oder nicht gründlich zurückgenommen? Ist Deine Konzentration schlechter geworden? Schläfst Du manchmal ein? Solltest Du etwas übersehen oder nicht zurückgenommen haben, banne wieder und schließe alle eventuell offenen Pforten. Bei Konzentrationsmängeln oder wenn Du gar einschläfst, solltest Du alle astralen Arbeiten ruhen lassen und erst einmal Deine Konzentration wieder trainieren.

So, geschafft. Du hast das Rüstwerk zum erfolgreichen Astralreisenden an der Hand. Ich wünsche Dir jetzt viel Erfolg beim

Erkunden neuer Welten!

Anhang A

Symbole für Astralreisen

Zum Abschluss findest Du auf den nächsten Seiten ein paar Abbildungen von Symbolen. Jedes dieser Symbole kann astral bereist werden, ist eine eigene Welt!

OM

Abb. 6: Die Ursilbe OM aus dem Sanskrit. Dieses Symbol steht für das ewige Werden und Vergehen der Welt.

Yin-Yang

Abb. 7: Das chinesische Yin-Yang-Symbol. Die Vereinigung der Gegensätze.

Zodiak

Abb. 8: Der Zodiak oder Tierkreis steht für die verborgene Ordnung der Zeitalter.

Change (Der Wechsel)

Abb. 9: Die Tarotkarte »Der Wechsel« - für Fortgeschrittene.

The Tower (Der Turm)

Abb. 10: Die Tarotkarte »Der Turm« - nur für Experten!

Anhang B

Literaturverzeichnis

Bentov, Itzhak; Auf der Spur des wilden Pendels; Dianus-Trikont Verlag; 1977.

Bittau, Dietmar; Sehen wie ein Adler; Edition Schangrila; 1985.

Boysen, Tordis van; Grundlagen der Meditation; Kersken-Canbaz Verlag; 1990.

Boysen, Tordis van; Konzentration und Imagination; Kersken-Canbaz Verlag; 1990.

Crowley, Aleister; Die Vision und die Stimme; Kersken-Canbaz Verlag; 1989.

Crowley, Aleister; Magie mit/ohne Tränen; Kersken-Canbaz Verlag; 1989.

Douval; Bücher der praktischen Magie; Ansata Verlag; 1977.

Eschner, Michael; Techniken der Bewußtseinserweiterung; Kersken-Canbaz Verlag; 1989.

Eschner, Michael; Die Geheimen Unterweisungen und Rituale des Hermetischen Ordens der Goldenen Dämmerung; Kersken-Canbaz Verlag; 1989.

Eschner, Michael; Einführung in die Magie; Kersken-Canbaz Verlag; 1990.

Fortune, Dion; Selbstverteidigung mit PSI; Ansata Verlag.

Hartwig, Andreas; Kristallkugel & Spiegelmagie; Kersken-Canbaz Verlag; 1989.

Kersken, Sigrid; Magische Rituale; Kersken-Canbaz Verlag; 1989.

Kujath, Frank; Erste Hilfe bei magischen Unfällen; Kersken-Canbaz Verlag; 1989.

Monroe, Robert A.; Der zweite Körper; Ansata Verlag; 1985.

Muldoon & Carrington; Die Aussendung des Astralkörpers; Bauer Verlag; 1986.

Boysen, Tordis van; Praktische Kabbala; Kersken-Canbaz Verlag; 1989.

Boysen, Tordis van; Autogenes Training; Grund- und Oberstufe; Kersken-Canbaz Verlag; 1989.

Boysen, Tordis van; Telekinese und Telepathie; Kersken-Canbaz Verlag; 1990.

Rucker, Rudi; Die Wunderwelt der vierten Dimension; Scherz Verlag; 1984.

Schulze, Petra; NLP Einführung und Metamodell; Kersken-Canbaz Verlag; 1989.

Crowley, Aleister; Magick Bd. 1 und 2; Kersken-Canbaz-Verlag; 1988.

Crowley, Aleister; Liber 777 und andere kabbalistische Schriften; Kersken-Canbaz-Verlag; 1988.

Eschner, Michael D.; Die Henochische Magie nach Dr. John Dee, 2 Bände; Kersken-Canbaz-Verlag; 2005.

Regardie, Israel; Ceremonial Magic; The Aquarian Press; 1982.

Von "geheimnisvollen magischen Riten" hört man immer wieder. Dieses Buch macht Schluss mit den Geheimnissen!

Nach einer kleinen Einführung in das, was hinter magischen Ritualen steckt, erklärt die Autorin die wichtigsten Rituale in einfachen Übungsbeschreibungen.

Für jeden Magier
- und den, der es werden will -
ist "Magische Rituale" das Buch,
das er für seine praktische Arbeit benötigt.

Du brauchst keine langen nächtlichen Zeremonien mehr, denn die Rituale der modernen Magie sind für den modernen Menschen - kurz, einprägsam und dennoch: Von außerordentlicher Wirksamkeit!

ISBN 978-389423-072-2